故事思维

如何解读人心，说出动人故事

THE HIDDEN AGENDA:
A PROVEN WAY TO WIN BUSINESS AND CREATE A FOLLOWING

[美] 凯文·艾伦 著
KEVIN ALLEN
刘盈君 译

```
T H E
HIDDEN
AGENDA
```

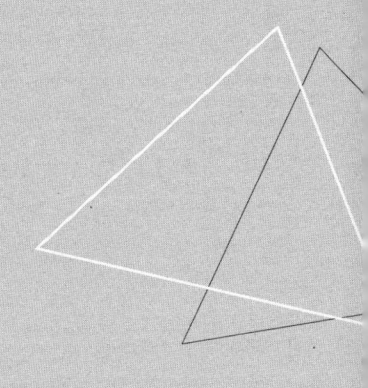

CONTENTS
目　录

推荐序　最重要的隐形诉求 / 1
前言　重点是，打动人心 / 7

第一部分　你要说服谁 / 1

第一章　什么是"隐藏诉求" / 3
第二章　你的听众 / 27
第三章　解锁隐藏诉求 / 47

第二部分　说什么内容 / 69

　　第四章　你的核心 / 71
　　第五章　信念 / 99
　　第六章　抱负 / 121

第三部分　故事怎么说 / 143

　　第七章　赢心策略 / 145
　　第八章　效仿律师的说话方式 / 159
　　第九章　说故事的力量 / 177

后记　深入人心，创造无价连接 / 203
好台词分享　前辈说过的话 / 207
出版后记 / 210

CONTENTS

推荐序
最重要的隐形诉求

最近,我到纽约市参加了一场首席营销官年度大会,主讲嘉宾和与会者都是全球最具价值品牌的头面人物,他们的技能、性格、荣誉、财富、责任、影响力和手里掌握的营销预算,合计后的规模令人无法想象。将他们的人脉再外推个两度分隔(六度分隔现象,可通俗地阐述为:"你和任何一个陌生人之间所间隔的人不会超过六个,也就是说,最多通过六个人,你就能够认识任何一个陌生人。"——编者注),应该就涵盖了当今绝大多数营销和媒体从业者。

会上的演讲者个个都热忱投入、智慧过人、口若悬河,也善于带动讨论。现场的高度活力让我大受激发,脑中不断蹦出各式各样的新想法。然而,不久后回想起那天的情景,我有了另一项观察：有件事让这些首席营销官、他们的营销团队及与他们合作的广告公司每天不断苦思——接连出现的各种高科技重塑了营销角色，如二维移动条形码（2D mobile barcodes）、二维码（QR codes）、社群媒体效果评估指标（social media metrics）、运行时间多变量决策平台（runtime multivariate decision platforms）、行动营销组合（mobile marketing mix）、营销投资报酬率模式（MROI model）、客户关系管理（CRM）等。

我们已真正进入营销 2.0 时代，能在这样的年代从事营销和广告工作，令人兴奋又充满活力，但这也是有代价的。营销人员看似掌握了改变游戏规则的科技创新和能力，事实上也产生了意料之外的结果：消费者势力日渐抬头，要求愈来愈高，让首席营销官们更难"掌控"自己的品牌。

这种明显的发展，成为那场年会的讨论主线。不仅如此，所有首席营销官和首席财务官都要求营销部门，既然握有"营销文艺复兴时期"的各种高科技，营销表现理应更出色。过去，能在逻辑和直觉间取得平衡，也就是左右脑并用的能力，是出色营销领导者的一大特质，但这项特质的重要性，似乎随着科技带来的变化而式微。

请别误会我的意思，将科技运用在营销上不是坏事，这能让营销组织和领导者保有在决策圈中应有的位置。我一直信奉

"真相就在数字中",而具策略视野、各方竞相延揽的营销专家和仅具战术操作能力的营销传播(MARCOM)经理人,差别就在于能不能真正从数字中找到真相。但数据和事实只是达到目的的方式,做品牌的人最根本的责任,是要建立持久的消费者价值或顾客价值。

将战略层面的事实、数字和洞察,转化成差异化的独特品牌承诺,借以产生情感连接,对专业的营销和广告人士而言,都是最困难的必要步骤。这点难度极高,目前没有任何科技可以按个按钮就产生创意的解决方案。要成功将依据转化成构想,就必须在对的时机,把对的人摆到对的位置上。

我相信,这正是本书作者凯文·艾伦(Kevin Allen)指出的关键点。凯文在麦肯广告(McCann Erickson)服务时,我们合力构思了万事达卡(MasterCard)的招牌广告要求——"无价"(priceless),那就是在对的时候处于对的位置。这段过程让我了解到,所有决策都有理性和感性的考虑,而感性效益通常更为重要。

凯文在本书中提到,人人都是"推销员"(pitchman),而经验证明,"登门推销"最能让构想与创新赢得青睐,这点我完全认同。各位将在书中看到,凯文如何运用这个观念带领麦肯广告团队参加万事达卡的比稿。当时,他和麦肯团队坐在我们对面,我和万事达卡的同事坐在会议桌的另一边。一般说到开发新业务，会想到的就是这种场景：广告公司和客户分居两方。即使我们主要是当"客户"，也经常要扮演推销员，运用一点"登门推销"的方法来取得成功。每个隐藏诉求背后，都有一个故事，万事达卡也是。

万事达卡的隐藏诉求就是，我们非常渴望大胜主要的信用卡竞争对手——真的很想！万事达卡在20世纪90年代开始走下坡，而发行万事达相关信用卡和借记卡的银行，担心万事达卡无法吸引消费者，这个问题让我和我当时的老板尼克·尤顿（Nick Utton）如坐针毡。我们向董事会建议，要找一家全案代理广告公司来回应消费者的心声。我们想在研究数据中找到真相，但在感性层面最为打动众人的选择——麦肯广告提出的"无价时刻"广告创意，就数据来看并不算胜出。消费者测试结果指出，"无价"的创意不是他们最喜欢的，但调查结果或许并不全然正确！

所以，我运用了凯文在书中提到的登门推销，去拜访每一位董事，播放受测的广告给他们看，说明会以量化的消费者测试结果，决定哪一则广告获胜，并让他们看测试结果。但除了测试排名第一名的广告，我还向他们推荐第二名的"无价时刻"广告。其中一位董事直接否定了我的推荐，并预言"无价时刻"广告不会红太久，反响也会平平。另一位董事则表示，如果"无价时刻"无法让万事达卡起死回生，肯定会有营销人员为这个项目背黑锅。然而，在一一拜访完董事之后，大部分人都同意，"无价时刻"才是能长久成功的广告创意。结果也确实如此，这个创意后来远远不只是一支感人的电视广告。

在过程中，董事们的隐藏诉求并不难看出。他们希望万事达卡的品牌更强大，让消费者有很强的意愿使用银行提供的万事达卡产品。但我真心相信，他们在这个理性的商业绩效理由之外，还有一项无形的感性诉求：想在万事达卡历史转折点上，扮演顾问和参与者。这层意义，远比平常的广告创意比稿更为深远。董事会很清楚，万事达卡的管理层也知道，而正如本书后面章节所描述的，凯文和麦肯广告都知道这点。没错！我们真的相信，麦肯能帮万事达卡赢得这一战，是因为凯文在比稿过程中强烈表达了这点。我们确实成功了，麦肯广告也成功了！麦肯变得非常出名，也因为"无价时刻"系列广告，得到实至名归的奖项。麦肯也坦言，这系列广告在过去10年间，帮他们赢得了不少新生意，这点众人皆知。

30年前，我大学一毕业，就投身美国广告业中心——纽约麦迪逊大道（Madison Avenue），这本书让我回想起当时的初衷。凯文引人入胜的说故事和解构方式，以及分析诸多知名的比稿案例都非常吸引人。另外，他也提供了发人深省的方法，帮助各位比其他竞逐新业务的人更能解读情势，不论你是刚从学校毕业的新鲜人，还是身经百战的业务好手，都一样有用。

现在，我正在蓬勃发展的高等教育领域追求着事业第二春，并担任纽黑文大学商学院（University of New Haven College of Business）执行院长。近百年来，本校许多毕业生都成为著名的成功企业领导者，希望校友们也能骄傲地认为我是其中之一。上述提及的新科技，对现在的学生而言都已司空见惯，就像我在大学念营销广告学时，有线电视对我们而言是新媒体一样。善于解读量化数据，能够依数据库来决策，并读懂损益表等，都是未来商业领导者必备的技能。但在人性层面，本书所分享的精辟洞见也一样重要，而且更难以传统方式教给大家。

我总是告诉我们的学生，在职业生涯中，总有一天会遇到一种情况，就是你接触的每个人都很聪明，高智商只是门槛，真正能让人与众不同的是情绪智商（emotional quotient, EQ）。这项能力，才足以让某些人比别人更懂得解读局面、解读人、解读机会。学生们只要认真倾听，最终就会发现，登门拜访的面对面方式，才能真正为他们的人生和经验带来最多收获。让凯文·艾伦来告诉你，那其实并不难。

劳伦斯·弗纳甘（Lawrence Flanagan）
万事达卡前首席营销官

前言
重点是，打动人心

我们打了一场商战，这一仗打了四个多月，二十多家广告公司一一败阵，最后剩下客户最中意的五家广告公司，继续争取这个大客户。我们意外发现，自己和纽约几家大广告公司一起进入决赛。这场仗成了美国广告业最关注的比稿，最终的胜者将赢得超过一亿美元广告预算的客户，并获得广告业的极大荣耀。

我们每天都在混沌中摸索、思考，期待找出一个可以胜出的创意。我们和竞争对手都知道，不论谁赢得这个客户，日子都将从此大大改变。提案日终于到了，我们也提交了提案，所有准备和期待瞬间过去，接下来就是等待。

客户终于打电话来，但得到的消息让我们更煎熬。他们说，目前正在将各家的提案进行广告业所谓的"消费者调查"。我们又得等上好几周的消费者焦点访谈，看我们的创意能否从众家对手中脱颖而出。结果，传来的不是好消息，我们的得分比竞争对手低，胜负眼看就要见分晓，客户应该会宣布别家广告公司获胜。

电话响了！客户说："我们得谈谈，有一些问题要当面谈才行。"我们听了之后，整个心都往下沉，该面对的，终究还是得面对。这其实在我们的意料之中，我开始思考，哪些地方还可以再改进？漏掉了什么？有什么重点没发现？到了开会那天，四个表情忧郁的客户陪我们走进偌大的会议室，在我们对面坐了下来。

面对着他们，我们坐立不安。一位高层主管开口说："我们真的很难抉择，也知道你们尽了很大努力，但有时就是事与愿违。很遗憾，必须告诉各位……"说到这里，万事达卡高层主管们将手伸进公文包，同时拿出四瓶贴了"无价时刻"（A Priceless Moment）标签的香槟说："从此你们和我们分不开了！"

我们怎么赢得这个客户的？为什么万事达卡没把生意交给消费者调查最高分的广告公司？是因为我们比对手更了解信用卡？还是我们的提案比较酷炫？结果两者都不是。我们提出的广告创意，也就是现在大家熟悉的"无价时刻"，之所以赢得万事达卡这个客户，源于正中了万事达卡团队的"隐藏诉求"——想一举击败看似无人能挡的维萨（Visa）卡。这个藏在内心、无法言喻的感性核心，正是他们寻找广告合作伙伴的最大动机。客户方的主要决策者，也就是后来担任万事达卡首席营销官的劳伦斯·弗纳甘提及："我们知道在'无价时刻'这个想法背后，有一个很精彩的创意，但最重要的是，我们觉得这个团队可以赢得人心。"

我的比稿生涯

我母亲从来无法理解我究竟是做什么的，她总是以我为傲，但我都不能给她可以向人吹嘘的简短职业介绍，如"我儿子是医生"或"我儿子是律师"之类的。终于，随着万事达卡的"无价时刻"系列广告深入大众，她大概了解我的工作是什么。虽然我一再重申，自己负责的是仅仅那次的比稿，她仍深信我一个人想出了所有的广告创意。我花了好些时间向她说明，负责比稿的人在整个过程中扮演什么角色，但后来我放弃了。所以，在此要向催生"无价时刻"的天才们致歉，我再也不想说服她了。

我是在麦肯广告成长的，这是广告业最辛苦、竞争最激烈的广告公司之一。天性敏感、语气温和的我，跟那种你争我夺的环境好像格格不入，后来却成为争取新生意的好手。不是因为我变得跟其他人一样，而是我运用了自己与生俱来的同理心，以及感受消费者心理的能力。我的本能反应让我理解，只要能将公司和我们的优势，与客户的情感需求连接，就能够获选。那不是说服，而是营造更深层的人际连接，这让我们大多时候都能胜出。

我是个比稿战将，事实上，如果硬要我母亲讲讲我到底做什么工作，她会坚持："这孩子到南极也可以卖冰箱！"多年后，我终于知道她是对的，但不是因为我有什么特殊技能、诀窍，或与生俱来的天赋，而是我天生有一种 X 光般的锐利眼光，可以看透人心中的情感，让我可以出于本能解读人的内心。二十多年来，这种天生的敏感度，让我了解广告主的感性动机，与他们建立深刻的连接。这听来或许有些疯狂，但在经历一次次比稿之后，我敢自信地说，我们的提案对象，并不是被我们说服。客户之所以愿意接受你的想法、公司或产品，之所以想要跟随你，是因为你在他们内心建立了深刻的连接。

每当我们赢得一笔生意，我都有幸和新客户共进晚餐。在晚餐进行一会儿后，通常是几杯葡萄酒下肚后，我都会问客户一个问题："为什么选择我们？"答案总是一样："因为你们抓到了！"抓到了？抓到什么？就是抓到了"隐藏诉求"，那是情感的动机，隐藏在种种统计数字、商业术语和与生意有关的诉求背后。人就是这样做出决定的——发自内心。我原以为自己的敏感和本能，在商场上是个弱点，结果却成了一项珍贵的商业资产，而且一路下来，变得愈来愈重要。

多年来，我学会运用这项独特天赋，发展成"隐藏诉求"的系统化方法，让同事们也能在这个基础上进一步发展。我创立公司的目的，就是想帮助大家善用这项技巧，让自我和公司得以一起成长。一位活力十足的友人克里斯·威尔（Chris Weil）惊叹："你一定得把这些概念写下来！你的想法值好几亿美元！"我很感谢威尔的热情，他或许把小数点向右移了太多位，但我可以谦卑地说，我成功运用"隐藏诉求"的方法，带领团队赢得几十次比稿，为我服务的公司，赢得营业额数千万美元的客户。

我在麦肯、埃培智集团（The Interpublic Group, IPG）和灵狮广告（Lowe Worldwide）服务时，和一群广告狂人不断追求公司成长，争取到美邦（Smith Barney）、雀巢（Nestlé）、欧莱雅（L'Oréal）、德国汉莎航空（Lufthansa）、强生（Johnson & Johnson）、摩根大通（JPMorgan Chase）、万豪酒店（Marriott）、欧宝汽车（Opel）、南非航空（South African Airways）、辉瑞制药（Pfizer）、德意志银行（Deut-sche Bank）、微软（Microsoft）和瑞士信贷（Credit Suisse）等客户。

我在埃培智参与了数十项比稿案，包括诺基亚（Nokia）和组合国际计算机（Computer Associates）。我担任灵狮广告副总裁时，公司被《广告时代》（*Advertising Age*）杂志选为"2009年度逆转胜广告公司"（Turnaround Agency of the Year），因为我们赢得了联合利华（Unilever）、雀巢、夏普（Sharp）、爱立信（Ericsson）、贝克啤酒（Beck's）、伊莱克斯（Electrolux）、德国通用电器（AEG）、金章电器（Zanussi）和中国移动等客户。

"隐藏诉求"提案法的原则，最早是在万豪酒店集团的厨房里形成和测试，后来运用在博尼冷冻前菜（Bernie's Frozen Hors d'oeuvres）的比稿，之后逐渐定型。我在麦肯及埃培智服务时，这些原则成为追求全球成长的一大利器。在纽约前市长鲁迪·朱利安尼（Rudy Giuliani）的"纽约奇迹"（New York Miracle）广告及我们之后赢得的万事达卡"无价时刻"系列广告中，这个方法也相当成功。之后运用于强生等可敬品牌，以及全球业务增长强劲的中国移动，效果都非常好。

这些技巧，也为很多人的生活留下特殊印记，包括我自己。各位将在第六章南非航空的比稿案例中，看到南非索韦托（Soweto）的民众，说出他们对一个新国家的渴望。也会看到我们如何共同奋斗，让艾滋病检测成为社会政策。一次走下坡信用卡品牌的比稿，改变了很多人的生活；一群人团结起来，为减轻长期病痛而努力。这些经验都改变了人生，也改变了游戏规则。

前言　重点是，打动人心

经过 25 年在最前线的无数次比稿之后，我决定跟大家分享这些经验。我不再奔波全球争取新业务，而是成立了一家公司，为其他公司提供成功销售的训练和准备。我学到各种非常有帮助的争取技巧，都写在这本书里，谨献给各位读者。

这本书在谈什么？谁该看这本书？

我在广告公司服务 25 年，客户从婴儿产品、银行，到新加坡和沙特阿拉伯。我和客户在不同文化背景、产业、情势和环境下，共同创造业务成长。我曾进入美国华盛顿的国会大厦去"推销"，也曾到世界各地和全球最伟大的商业大师一起演说。我在全球各地提供有关提案的咨询、训练和演说，而带给我最大回报的，莫过于教导充满进取心的年轻人，让他们有机会参加各地的成功推销活动。

近年来，我学到最重要的一件事：没有所谓的成功魔法公式，或如催眠术般的说服伎俩，让人像僵尸一样对你唯命是从。相反，在每一次购买决定的背后，不论是服务还是产品、想法或论点，其实都存在无法言喻的情感动机，我称之为"隐藏诉求"。别人之所以跟随你，并不是因为他们上钩了，而是因为他们相信你。

他们相信你，让你升迁，向你购买或雇用你，是因为你了解他们的价值观、向往和需求。不论你要如何争取，在何处争取，争取什么，对方决定是否跟随你，取决于你能否和他们的"隐藏诉求"产生共鸣。了解这些强有力的情感并建立连接，是赢取生意和跟随者的最重要步骤。本书的主题是如何破解争取对象的"隐藏诉求"，并连接到你的核心优势、价值观和抱负，引起争取对象的共鸣，最终获得胜利。

简单来说，每个人都该读这本书。我们每天都在提出诉求，成功的诉求有可能是面对面打动犹豫不决的客户，也可能是让组织上下都动起来，人人发挥全力。有时，我们是要说服会议室里充满怀疑的同事；有时，我们是想对老板、董事或某位新客户提出要求。我们可能想说服别人接受我们的想法或愿景，可能要推销一项服务或价值上亿美元的高科技设备。每次"销售"的背后，都有一个无法言喻的情感动机。

这本书要献给各种领导者，任何组织的领导者都是最终的推销者，不论是争取忠诚度，让大家朝同一方向前进，还是要建立信念体系或抱负。商业大师多会提出这样的观点：如果组织中大多数人能明确说出组织的价值观和方向，就能比其他同业更成功。我的看法相反，如果你能看见员工的内心，了解他们的"隐藏诉求"和情感动机，并建立起连接，将能激励他们成就任何事。

要提升打动人心的能力，不能三天打鱼，两天晒网，要从

前言　重点是，打动人心

每天的行动中去实践。身为领导者的要务，就是要鼓励大家和你一起行动。这本书是一个广告人写的，却是献给每一位需要说故事、争取生意和支持的读者。你可能是刚毕业的社会新鲜人、想在公司更上一层楼的上班族，或是想让公司起死回生的首席执行官。你可能是在过去几年经济动荡中产生的新锐创业家，也或许你带领一个基金会、非营利组织，或领导重大社会议题的联盟，又或者你要参与竞选。不论你是哪一种领导者，都将带领你的组织，走向一个未知领域。

我说，你们是努力成长和奋斗的梦想家，是撸起袖子、从不安分的"渴望成长者"（growth aspirants）。你们是发现机会的乐观主义者，不断朝着自我提升和专业成长前进，相信自己一定可以成功。或许你和我一样，是需要拼命维系客户的广告人，或赢得新客户的关键角色。不论你是谁，我敢说你们都有共同的抱负：销售你的想法，让公司成长，也让自己跟着成长。你的销售能力，正是实现这个目标最关键的武器和能源。

这本书，就是为你写的。

这方法，现在正是时候！

我们已经进入我所谓的"纯粹成长"（pure growth）的时代。纯粹成长绝非通过交易、并购、削减支出，或在财务报表

15

上动手脚。不论公司大小，最基本的就是专注于消费者，解析好点子，想出前所未有的创新，以体现真正的价值，并让公司从最高层到最前线，都倾全力热情要求这项创新。"纯粹成长"不光是财务绩效，而是与每个人息息相关的，这项目标具备高度感召力，能够鼓舞众人，让大家用热情不断努力追求。

过去几年的震荡，其实早在意料之中。很多人所谓的"成长"，是通过并购、交易、对冲、下赌注，以及篡改财务报表而来。真正能成功的方法只有一种：登门销售（shoe leather），那需要像传统上门推销一样的热情。我所谓的"登门销售"，是指购买者的真正需求，那才是坚实成长的基础。"登门销售"的成长，是最简单也最重要的商业核心要素，重点在创造、热情和不懈的追求，必须基于善意的说服，以及有纪律的自我要求。不只工作职责中有"销售"这项工作的人要"登门销售"，组织里每个人都该动起来，而问题在于，要如何才能打动对方？

每一位购买者都是用心（感性）来购买，而不是用脑（理性）。在每个人心中，都有一个"隐藏诉求"。毫无疑问，我们必须善用各种现代化方法，让我们的社团和顾客投入其中。我们必须与时俱进，让他们感到亲近。不论销售环境多复杂，每个销售的基础都是从欲望开始。这种无法言喻的内心情感，是每次要求背后的核心动机。如果能够破解这些，并结合你的优势、信念和抱负，与隐藏诉求产生共鸣，你就能成功。

前言 重点是，打动人心

令人由衷敬佩的销售专家

小时候，经常有几十个销售人员到我家门口，推销各式各样的东西，从牛奶到吸尘器都有。每次他们上门，我都觉得每位专业销售人员都是在做高尚的工作：凭着自己的双腿，挨家挨户到每个人家里推销。他们为生计在外奔波，努力争取生意，同时让我们的生活更轻松。 有首小曲是这样描述头发抹了发蜡、腋下夹着百科全书上门推销的销售人员："我靠着销售知识性书籍，供自己读完大学。"在为这本书进行研究时，我决定要找到一位诚实且出色，真正在那个年代当推销员的人物。我通过母亲的跳舞同伴们，找到来自纽约州雷维镇（Levittown, New York）的艾妮德·莫琳女士（Enid Merin），我猜她大概快80岁了，但没有人会问年龄这种问题。莫琳在她的销售事业中销售过各种产品，最主要是《世界百科全书》（The World Book Encyclopedia）。

听这位充满活力和魅力的女士说她推销的故事，简直就像听爱因斯坦谈论相对论。她说的故事中，最根本的要素就是，如何了解并连接到消费者的隐藏诉求。首先，莫琳女士会判断购买对象是谁。

"当我走到一家人的门口，会先观察各种小细节，判断他们符不符合我设定的购买对象。比方说，如果他们家篮球架的网子是新的，就表示家里有小孩子。"

莫琳了解到，不论销售的环境有多么复杂，销售技巧的根本都在于人的希望、需求和价值观。她的目标在于了解潜在顾客的情感世界。

凯文，这其实很简单，重点就在人的欲望。年轻妈妈可能想买全套百科全书，但她更想要的是让孩子成为总统。

一旦莫琳掌握到沟通对象是谁，就会设法和销售对象的情感建立连接。她的目标是要和销售对象产生一种心理连接。在莫琳看来，想给孩子全世界的母亲，就会看重百科全书带来的价值。她们最终都会响应莫琳这样的人，因为她真心相信，自己销售的产品非常有价值。"我喜爱自己销售的东西，这些产品绝不是什么便宜货。我真的相信，给孩子最好的礼物，就是良好教育带来的益处。年轻的心灵如果没机会获得知识和教育，会是一大浪费。我知道自己所做的事，可以为他们带来不一样的人生。"

当然，如果没有出色的沟通技巧，莫琳的销售也很难成功。销售技巧也是她成功的主因，她先提出论点，展现对自己信念的热情，并用适当的语调及语言和争取对象沟通，引起他们的共鸣。

早安，我是莫琳，是《世界百科全书》的业务代表。我想

前言 重点是，打动人心

府上一定有家庭娱乐设施，但是府上有教育设施吗？我可以进来吗？

莫琳证实了我对销售的坚定信念：有效销售的基础，就在于销售对象心里最基本的人类现实。在莫琳与每位推销员成功销售的背后，都有一个简单但可多方应用的逻辑：

销售的重点，就在对方的希望、需求或价值观。销售对象的希望、需求或价值观，深锁在隐藏诉求里。能够解锁隐藏诉求，正是销售成功之钥。

换句话说，如果你的销售，是基于销售对象隐藏诉求中的情感动机，你就能成功。这当然不是说商品的质量不重要，不论销售什么产品或服务，都必须提供客户你所承诺的质量，但让我们来看看产品和服务以外的信念。你要推销的商品，要能和销售对象的隐藏诉求产生共鸣，才具有价值。我看过许多非常出色的技术构想，最终惨败收场，就是因为和销售对象对商品感兴趣的真正原因毫无关系。

建构更好的捕鼠器很重要，但唯有有效诉求，才能每一次都成功。最杰出的销售人都和莫琳一样，了解销售对象的情感动机，对自己销售的东西有坚定的信念，并且用说故事的方式努力展现。本书将完整解读这套说故事方法中的每项元素：诉求对象、沟通内容，以及沟通方式。

说故事的 9 个练习

本书的编排，希望让各位容易读，也容易跟着做。第一部分将探讨你要说服的对象（who），第一章到第三章在于了解你的诉求对象，以及驱动着他们的隐藏诉求。所有听众都是有需求、欲望和价值观的个体，也可能是基于共同信念和价值体系而聚集的群体。想成功说服他人，必须深入了解对方藏在心中、没说出口的情感动机。

第一章将探讨何谓"隐藏诉求"，以及如何用"隐藏诉求提案法"形成清楚概念。第二章将探讨如何找到目标群体的隐藏诉求，并学习如何定义你的听众。第三章则谈到各种实用技巧和策略，帮助你发掘、引出诉求对象的隐藏诉求。

本书第二部分讨论诉求的内容（what），这部分帮你找出你的"优势资产"，用来和诉求对象建立情感连接。能够将优势资产和购买者的隐藏诉求加以连接，就有机会成功。这样的提炼过程，需要细心、有步骤地找出自己是谁，以及自己的独特之处。想成功说服他人，你必须深入找到自己的特点，了解形成你个人特质的主要原因，并因此发展出一套说故事的方法。你不能勉强自己装成不是自己的样子，你必须找出自己的独特之处，并具体呈现这些优势，打动看重这些特点的人。

第四章将探讨你的"核心"，这是你真正的资产——你拥有的丰富特质，让诉求对象受到吸引，并且因为你的亲和力，带着一些好奇心和你产生情感连接。你的核心就是你的独特能力和优势，让你和他人有所区分。第五章将探讨你的信念、信仰和价值观。能够撼动人心的故事内容，往往能表达出说者所遵守的真诚信仰；分享你所相信的事，有助于打动他人。第六章将探讨你的抱负，也就是你想成就前所未有美好事物的心。这是对自我价值的衡量，也是对你的组织价值的衡量。你将因为自己独特的抱负，打动你的听众，也就是你的购买者。第三部分将探讨如何进行销售（how），这部分要告诉你如何用清楚的逻辑整合销售过程，通过让人记忆深刻的方式，来打动你的听众。销售过程不只是沟通，更要吸引个人或群体跟随你，接受你提出的方向。故事说得动人，就能说服听众接受你提供的商品，在现在和未来投你一票。第七章将探讨成功的策略，了解如何以引人入胜的方式，用清楚的策略沟通你的核心、信念和抱负。第八章说明如何用律师辩论的方法，建构无懈可击的论点。第九章则是讨论如何展现热情，并用正确的语调、说故事的力量，来打动你的听众，让他们用行动支持你。

用心，结果就会不一样

我有幸承蒙许多前辈指导，他们有些人很善良，有些脾气古怪——但仍然很善良。这些人都经验丰富、才华横溢；最重要的是，他们都很大方，愿意和他人分享。虽然我无法与这些前辈比肩，但我还是觉得现在该是轮到我分享的时候了。所以，请将这本书视为我的职场故事，或当成一份待办列表、训练指南，我会让各位了解，如何说出动人的好故事，打动任何一类对象。

近来，我大量从事训练指导工作。我认为，除了列出对我有用的做法、重要概念，并一步步拆解有用的技巧，更应该说明像我这样没背景又没自信的年轻人如何学到这些技巧，对各位更有提升自信的功效。我向各位保证，我可以，你们一定可以。

成功销售不是花言巧语或酷炫作秀，而是要用同理心，去了解争取对象内心的真正想法，并且有勇气做自己，让自己的特点和隐藏诉求相连接。当你建立起这样的连接，他们就会选择你。希望各位把这本书当作普遍原则、指南、提案的参考书，要不断提醒自己可以做到，更可以做得很好。

前言　重点是，打动人心

下一个练习……

既然整本书都是从我所谓的"隐藏诉求"开始的，我们就先来谈谈它的定义，以及它应该涵盖哪些元素。

别忘了！

我们每天都在推销自己，推销我们的想法，推销公司或产品。从日常和同事、客户进行的非正式会议，到带领整个庞大组织完成不可能的任务，我们都是在推销。这一切都需要吸引他人与你同行，跟你一起动起来。如果能不断连接人们的"隐藏诉求"，打动深藏在人们心中没说出口的欲望，你就能成就任何事。

THE
HIDDEN
AGENDA

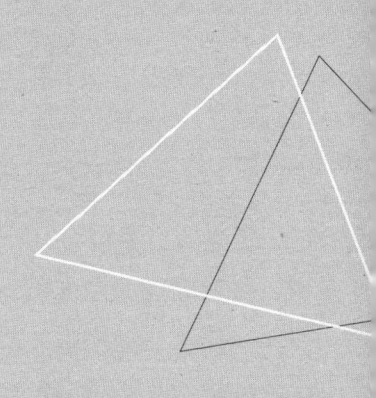

第一部分
你要说服谁

第一章

什么是"隐藏诉求"

◎ **练习重点**

"隐藏诉求",是藏在争取对象心中、没说出口的情感动机。这个情感核心,是每个决定背后的真正动力。

前言提及的艾妮德·莫琳女士说道:"'需要'是理性的部分,而'想要'则是情感的部分。购买是出于情感的。"推销完全是一种人性的行为,重点在人,在于人的抱负、恐惧和欲望。最了解这些背后动力的人,将会最终胜出。我在事业上成功拓展的业务,都归功于出色团队和优质产品,但也有很大一部分,是靠我所说的"隐藏诉求"提案方法。

万事达卡主管在比稿那天走进我们的会议室时,我们在幕布上秀出两个单词 carpe diem,那是拉丁文,意思是"活在当下，及时行乐"。我们出色的意大利裔战略顾问奈特·普西奥（Nat Puccio）开始主持会议，非常强势的他，带着浓浓的布鲁克林口音开场："各位看到前面这几个词了吗？意思是'活在当下，及时行乐'。因为这就是你的今天，是属于你的时间。你们将和维萨卡的消费平台明显区隔，成为消费者钱包里更受青睐的信用卡；更重要的是，在消费者心中更受到喜爱。"

普西奥按下另一张投影片，上面写着："可口可乐 vs. 百事可乐，AT&T vs. MCI（美国两大电信公司）。"他接着说："各位看到眼前这些商标了吗？它们代表我们为可口可乐打赢了对百事可乐的战争，以及我们为 AT&T 打赢了对 MCI 的战争。我们最爱精彩的战争，而且我们不习惯失败。"

此时，整个会议室鸦雀无声。

为什么这个开场白会如此大胆、自信，甚至带有挑衅意味？这个较劲味十足的立场，就是根据万事达卡的隐藏诉求发展出来的。他们内在的渴望是，在 15 年间一次次输给维萨卡后，终于要成为赢家——我们一定要取得全面胜利，这场胜仗会让维萨卡付出代价。我们热情解说方案，但更重要的是，说明我们能帮助他们成功。普西奥的简报内容，引发了整个会议室的共鸣，激起了在场每个人内心的共鸣。后来，我问万事达卡的知名首席营销官弗纳甘，为什么决定让我们当他们的广告代理，他说："我们和麦肯产生了心理连接，因为麦肯不仅了

第一章 什么是"隐藏诉求"

解万事达卡顾客的内心渴望,更了解我们的渴望。我们知道,这群人可以帮我们赢得胜利。"那场会议提出的"无价时刻"广告概念,成为这几十年来最为人所知、最受赞赏的品牌广告活动。

万事达卡　打败劲敌,一战成名

能够参与万事达卡的比稿,要归功于比稿一年多前,广告业最佳业务开发玛吉·亚特舒勒(Margie Altschuler)的不断努力;她可说是另一个我,也是我的"共犯"。几个月来,她不断追着万事达卡的客户,而你很难拒绝像玛吉这样的人。

在密集看过几十家广告公司之后,万事达卡筛选出六家参与最后提案。参加比稿的广告公司都受邀听取简报,万事达卡在会中分享了他们的业务状况,并将提案题目分配给参与比稿的公司。你一定想象得到,这样的过程让平常"活泼"惯了的广告人浑身不自在。想象所有对手同坐一间会议室听简报,还得正襟危坐,而客户没在看的时候,他们会向彼此炫耀——我被选为最主要的捣蛋鬼。

万事达卡团队由尼克·乌顿(Nick Utton)带领,他是个自信、有趣的人。他说,万事达卡最大的问题,在于"情感的破产"。我们的团队认为,这项洞察再明白不过了,后来也是以这项为关键解决了看似不可能的营销问题。弗纳甘是我的知音，为人慷慨、善于鼓励人，让我们能保持专注，我很快就和他产生连接。

简报结束后，客户邀请我们共进午餐，广告公司主管和万事达卡主管，分坐在酒店宴会厅里的各张圆桌。他们告诉我们，这场午餐的任务是好好享受美食，有机会就向万事达卡的主管提问。每隔20分钟，其中一位客户会敲敲玻璃杯——就像婚宴一样，但广告公司的人可不会听到声音就亲吻。这时，广告公司主管就会换到下一张桌子，向另一位万事达卡主管提问，犹如业务开发的快速相亲大会！

在我相亲——哦不！是开会的过程中，我和几位万事达卡的主要负责人见面。我本能地问他们，对维萨卡和他们的营销实力有何看法。我想找出他们心中对主要竞争对手的想法，以及他们认为万事达卡有多大机会和对方分庭抗礼。我问这个问题，主要是因为他们之前在简报中提到，万事达卡在过去15年间，从来无法和竞争对手有效对抗，取得明显胜利。

万事达卡的一位主管回答："他们很强，真的很强。如果我们想得到希望的结果，必须非常、非常努力。"另一位主管的说法稍微不同："如果真能打败维萨卡这个强劲对手，我们将能创造历史。"还有一位则说："如果这次再不成功，18个月后，我们就不会在这里了。"那时我才惊觉，万事达卡这些友善客户们的隐藏诉求，包含着抱负，也包含着担忧。我总结了他们的隐藏诉求，大抵如下。

隐藏诉求

我们必须在市场上战胜维萨卡，而且要一战成名，但看来成功概率不高。

这个来自他们内心深处的简单洞察，为我们的提案提供了背景，我们认为应该以纯粹的抱负为基础。这需要胆量，还需要极大的自信以面对经验丰富的强大对手。我们用这种方式，从市场的角度找出解决方案，展现我们可以如何为他们在市场上找到机会，并在决定性的那天，塑造我们提案的设计、风格和语调，一切都以他们内心燃烧着的隐藏诉求为动力。

要让万事达卡在如此重要的时刻决定选择我们，需要很大的勇气，因为代价非常高。回顾自己的职业生涯，我很少看到有人具备如此勇气。如万事达卡首席营销官弗纳甘说："到最后，我们让本能来主导，决定拥抱'无价时刻'这个没通过消费者调查测试的创意，接受真正懂得万事达卡的顾客及我们内心的这群人。"

欲望，就是希望所在

我刚入行时，觉得生活和工作，似乎是两件完全不同的事。生活中的我和走进麦肯广告大门后的我，行为举止与做决定的方式有着极大的不同。他们说，想在商业界成功，就必须掌握冷酷的现实和残酷的逻辑。这全都是胡说！不论在生活中还是在商界里，驱动我们的，都是人类基本的冲动和渴望。它们会主导我们的内心，在我们做决定时扮演要角，包括我们决定雇用谁，采取什么方向，选择跟随谁，以及要加入什么样的组织。我们每个决定的核心，都是由人类的欲望和情感主导，而事实证明了，我们的本能和欲望确实是动力。

许多比我聪明的人，都探讨过人类的欲望和动力。不论是大家熟知的美国人本主义心理学家亚伯拉罕·马斯洛（Abraham Maslow）的需求金字塔理论、荣格（Carl Jung）的人格类型和无意识驱动力，还是最新对人类心理的观点，我都认为他们会相当认同，人类内心深处的欲望就是人类动力的基础。对我而言，欲望的根本，就是希望。

"希望永无止境。"（Hope springs eternal.）这句美好的话，是母亲在我们不断质疑不确定的未来时，给我们的最佳回答。不论是我父亲能否找到工作，或纽约大都会棒球队（The New York Mets）能不能赢球，她都是这么回答的。这是我们对这位

第一章　什么是"隐藏诉求"

了不起女性的仰望,她教导我们,明天很可能会带来好运。正面思考和可能性,是人类精神的基础,检视人类心中最深的欲望,一定会看到人对未来的希望。他人会跟随你,是因为相信你不仅了解他们内心的希望,还可以帮助他们实现希望。

我最早接触到"隐藏诉求"这个词,是因为海琳·卡蔓森(Helene Kalmanson)女士,她是我进广告公司时的业务开发顾问,是位很厉害也很有魅力的女士。我还记得,她带我去吃午饭时告诉我:"凯文,我跟你说,你将会前途无量,不过你得做好心理准备,别人会对你有很大的误解。你真的是很好的人,但这行的人无法想象,在这行会有像你这样的人,他们一开始都会觉得你废话连篇。"

接着,她鼓励我不要做任何改变。她让我看到,我天生具备的同理心,以及能够感受到所接触对象的内心,将成为我最大的商业资产。在当时身边充满"广告狂人"的环境里,我还真以为她才是废话连篇。但随着时间过去,经过后来数十次的比稿成功,我开始了解到她是对的。谢谢你!卡蔓森。

每次提案的核心,都有着"隐藏诉求"。这个核心,让提案内容和观众连接起来。谁最能感受到潜在顾客的隐藏诉求,谁就会成为最后赢家。成功的要求,必须找到这个"隐藏诉求",并加以调整、锁定,然后以说故事的方式打动人心。不论你的团队和产品有多棒,如果你无法找出购买者隐藏诉求内的基本欲望，并将之结合到销售过程中，就不可能成功。

看不见的决策动机

每个决定的背后，都有欲望、抱负、信念或担忧在驱动着，我们都渴望这些需求能够得到满足，这些通常没说出口的内在欲望，是我们做决定或选择方向的基础。世界上的人形形色色，隐藏诉求包含的情绪或欲望也各不相同，可能包括想获得认同、被珍惜、想发挥创造力、被崇拜、成为领导、感到安全等。这些欲望都是人类行为的根本，也是人做出选择的依据。问题在于，为什么这些欲望或动机是看不见的？商业环境要求冷静分析和理性决策，让人不敢承认自己会向脆弱的情感低头，并依照情感做出商业决策。有很长一段时间，组织里流传着这样的社会传统，不做"专业"之外的事情。许多我请教的对象都表示，这种文化至今仍然存在，因为涉及的商业代价很高。有人认为，情感的不稳定性，可能影响商业决策的理性面，造成不

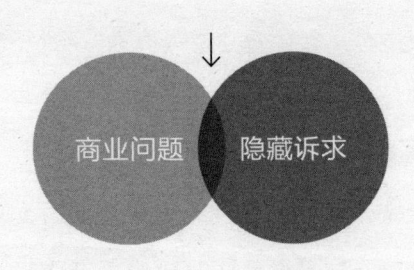

良后果。然而，情感的影响真实存在，只是看不出来。企业高层主管对经营环境的感觉，以及和个人欲望有关的感觉，不论是抱负还是恐惧，都会隐藏起来，不让人看见。但是不要误会，它们都是确实存在的。

虽然"隐藏诉求"确实存在，但很多从事销售的人，并没有试着去找出来，反而只顾着处理理性的问题。我每次都努力为客户独特的商业问题找出解决方案，但每个问题或商机的背景都不相同。商业的问题或机会，与客户的内在希望、需求或价值观息息相关。这些就是"隐藏诉求"的关键元素，会促使人做出决定。要赢得业务或是吸引他人跟随，就要结合这些要素；能够结合这些要素的人，就能取得成功。

三大类隐藏诉求

要经由诉诸隐藏诉求来打动人心，不仅需要洞察人性欲望的能力，还要具备说故事的技巧。在这过程中，听众会了解到你真的了解他们，也了解他们真正想追求的东西，但如何才能透析别人心中的隐藏诉求？

虽然隐藏诉求非常多样化，但根据我的经验，还是可以分成三大类：希望、需求和价值观。先来看看希望和需求，这两项的基础是人的基本自信，也就是用进取和自信的眼光，积极看待自己的情况。如果隐藏诉求是恐惧或担心，则属于消极的看待。

希望

希望型的隐藏诉求，基础是抱负。这反映了一个人的信心程度和对未来的积极看法。你的听众可能并不清楚未来是什么样子，但那正是你派上用场的地方！让他们对未来有所期待。以希望为隐藏诉求的人，倾向于大胆的行动。他们会希望感受到，你了解并看到他们看到的，对他们寻求的目标及迈向目标的旅程同感振奋。

需求

需求型的隐藏诉求，基础是恐惧和想补足某样东西的渴望。怀有这种隐藏诉求的人，感觉自己有所欠缺，虽然希望能够顺利运作，却少了某种关键元素。他们大多被紧迫感所包围，因此你应该为对方建立自信。怀有这类隐藏诉求的人，沉默而且小心谨慎，需要很大程度的安心保证，希望看到你有自信，也有能力补上他们的不足。

价值观

价值观型的隐藏诉求，基础是对方心中深刻的信念。这类隐藏诉求攸关他们如何设定、配合和衡量自己的行动，以符合他们的价值体系。

我有很长一段时间认为，隐藏诉求基本上来自两样东西：希望和需求。然而，除此之外，我碰到一些项目对象，是通过他们的价值体系来看问题得的。虽然他们无疑也有希望和需求，但真正驱动他们情感的，却是他们具备的独特信仰体系，而且他们会将之运用到每一件事上。我和万豪酒店集团合作时，深刻了解到这点，我有幸在职业生涯初期和该公司合作，我非常景仰他们的价值观。而强生集团完全奉行他们镌刻在花岗岩上的信仰体系，也让我相当钦佩。

美邦　勤奋致富的精明现代人

我们有幸获得极具声望的金融服务公司美邦（Smith Barney）的邀请参加比稿。这是我们一次很好的机会，可以为这家卓越的金融企业，发展出用简短话语总结的广告活动："他们用传统方法致富，那就是辛苦赚钱。"这个创意，由已故的英国演员约翰·豪斯曼（John Houseman）来诠释执行，他以讲话粗鲁和电影《力争上游》（*The Paper Chase*）闻名。

豪斯曼在《力争上游》里，饰演要求严苛的大学教授，告诫学生要努力用功，不要走捷径，正是最完美的代言人。他会在每则广告的最后，总结美邦的观点：财富要靠勤奋努力的传统原则积累。我们认为，自己和美邦的价值体系及正直特点有共同点，那在我们几周后要提案的几位客户身上可以很明显地看出。他们虽然是华尔街鼎鼎大名的企业，但我在那些人的身上，看到共同的文化特质：脚踏实地、开放、有原则，而且非常正直。

我们构思策略时，找出了美邦的顾客群，认为他们应该会认同这样的价值体系。他们是白手起家的创业家，知道财富不会从天上掉下来。我们的挑战在于，要传达这种靠努力致富的传统原则，同时给他们更具现代感的形象。我们的想法是，在电视广告中用一系列的前卫照片，展现出精明、能干、努力勤奋的价值。其中一张照片，带有已故美国著名时尚摄影大师理查德·阿维顿（Richard Avedon）的风格，是一个小家庭，有爸爸、妈妈、三个小孩，父亲手上抱着一个倒栽葱的婴儿。

那幅影像非常引人注意，我们也认为它非常有趣。提案那天，我们的策略团队做了一段慷慨激昂的演出，说明美邦的客户相信一切成果都来自努力、纪律和汗水。之后，我们开始提出"相片"系列广告创意，当那张小家庭的照片一出现，马上就有人提出问题：

"那个婴儿为什么倒栽葱？"

"嗯，那会让广告更具现代感。"

"是，但是婴儿会脑充血！"

"啊，那是前卫的表现……"

"是，但是那个婴儿倒栽葱！"

我们互相看了看，在座位上蠢蠢欲动，努力展现出我们相信这个构想，能让美邦的形象更现代化，即使婴儿倒栽葱。我们坚持自己的提案，最后沮丧离开。我们想，提案应该失败了，他们绝不会接受倒栽葱婴儿的创意。就在此时，他们打来一通电话。

"凯文，我们决定了。你们争取到业务了，但是我们不要那个倒栽葱的婴儿！"

他们一致认为，除了创意，最让他们印象深刻的是，我们愿意为自己相信的事情不断努力争取。客户团队期望我们对自己相信的事奋战到底，因为他们也相信这样的价值。回想这整个过程，我们之所以能够胜出，不是因为我们带到会议室的作品，而是因为我们和他们有共同价值体系。

隐藏诉求

我们认为，为自己相信的事站出来，非常重要。

多年之后，我学会了成功的关键：要触及你想打动的客户，让他们接受你，除了打动他们的心，别无他法。你得真诚地连接他们的希望、需求或信念，那是个强有力的经验教训。隐藏诉求不只适用于商业上的推销，其运用范围更为全面。我生涯中一些最深刻的经验，都有隐藏诉求这项元素的有力足迹。

朱利安尼　问题是人造成的，人也能解决

　　1993 年，我在麦肯广告服务，当时负责 AT&T 这个大客户。那时，我们几位同事答应帮纽约市做一个公益广告，关注青少年怀孕的问题，我因而结识了赫伯特·瑞克曼（Herbert Rickman），他是纽约前市长艾德·科赫（Ed Koch）的重要顾问。那次广告很成功，让我们登上了《新闻周刊》（*Newsweek*），我和瑞克曼从此结为好友，他成为我的人生导师。

　　瑞克曼经常临时打电话来，邀我和杰出人士共进午餐。"蠢蛋！（他都这么叫我和大多数人）不管你现在在做什么，马上放下！到希普里亚尼（Cipriani）餐厅，别迟到！"我都会遵照指示，去和各种想象不到的人物共进午餐，还碰到过主演 1933 年版《金刚》（*King Kong*）的知名女星费伊·蕾（Fay Wray）。

第一章　什么是"隐藏诉求"

某个周日早上，瑞克曼又打电话来，只不过这次他说："蠢蛋，到第二大道的餐厅，穿得体面一点，听我的就对了。"我穿上西装打了领带，到餐厅之后，被带位到和朱利安尼同桌，在座的还有纽约几位响当当的大人物。瑞克曼大声说："各位，向你们介绍纽约广告界的巨人，也是纽约市很重要的民主党员。"当然这都是胡说八道，我两者都不是，但瑞克曼就是这样。

那次午餐会后，我获邀成为朱利安尼参选纽约市长的非正式助选员。助选成员中，很多是我见过最杰出的人，有些还成了我一辈子的好友。我们每周二晚上聚会，了解纽约市面临的种种问题。我会和朱利安尼等杰出人士进行讨论，他们分别是医药、犯罪、社会救济等各领域的专家，我们共同找出朱利安尼的团队将面临的问题和挑战。这些努力是为了了解问题，并构思策略拯救这个面临诸多危险的城市，而市长选举是在两年后。他们最开始的出发点，就是要拟订计划，解决这座城市面临的根本问题。我坐在一旁，看着这个才华横溢的人和他身边的人们一起为拯救纽约市做准备。

1990年，《时代》杂志的封面，恰当地宣布纽约是个"烂苹果"(The Rotten Apple)。这座城市一年谋杀案高达数千件、超过100万人接受社会救济、预算赤字20亿美元；更重要的是，《纽约客》杂志的调查发现，纽约人不愿意在纽约生育孩子，并且表示如果可能，他们想搬离纽约，这可是我们有记忆以来的第一次。

我们这些非正式的朱利安尼团队成员深知，大家之所以住在纽约，在纽约工作，搬到纽约，都是因为这座城市充满机会。纽约最重要的就是，20世纪初期移民搭船经过自由女神像时感受到的那种精神。纽约市民如果不再有这种感觉，反而惶惶不安，纽约就不再是纽约了。犯罪和恐惧感，夺走了所有的机会。

居民会恐惧，并不让人意外，在这一切背后有个大家没说出口的想法，当时的市政府和大多数人都相信："纽约市确实无法治理。"问题牵涉的范围太广了，犯罪和社会救济的问题根深蒂固，顶多只能希望"抑制"问题，尽量不要让问题恶化，并避免自己受害。地铁站里常有各种文字警告，教大家如何避免成为罪犯的受害者，就是这种心态的明证。仔细想想，这些策略都是要让居民不要因为没有法治而受害！更是在教大家，如何在这样的环境下生活。许多证据都证明了这种想法，也有很多人尝试改善，但全都失败了。整个城市弥漫抑郁的气氛。我长期住在纽约，清楚记得每次我走回公寓时，都要特别注意背后有没有人尾随。

隐藏诉求

我们不要结果和解释，需要有人出来解决问题，否则我们就要离开。

第一章 什么是"隐藏诉求"

居民们的渴望,也体现在统计数字中。民调显示,大量居民正在搬离纽约市,而且可能的话,都想在其他地方生孩子,这是这座大都会的丧钟。市民希望有人真的能做些什么,真的能解决问题。想当选纽约市长,就必须深刻了解这个隐藏诉求。而朱利安尼经常挂在嘴边的一句话,做了最好的回应:

问题是人造成的,所以人也能解决这些问题。

"无价时刻"的胜利

在构思出"无价时刻"广告概念几年后,我们参加了法国万事达卡的比稿,那可说是对隐藏诉求力量最严峻的考验。那时我负责麦肯的欧洲、中东和非洲新业务开发,而"无价时刻"广告在美国大受欢迎,万事达卡总部希望能将这个创意推广到全球。我们很快就发现,这并不容易。

每次我们展开"国外冒险",都得再参加比稿,在各地和其他多家公司竞争。不难想见,当地客户的营销代表并不乐见麦肯及美国的"无价时刻"广告影响到他们和当地的广告活动,以及他们与当地广告公司之间的关系。我们仍自信地认为,"无价时刻"带给我们明显的竞争优势。

法国万事达卡冷酷地为我们做简报,并宣布我们必须和当

19

地一家很有创意又广受赞扬的广告公司进行比稿。更侮辱人的是，客户还将"无价时刻"——那是我们的创意——给了另一家广告公司作为基础，双方得针对法国市场想出当地版本，再选出最佳的"无价时刻"创意。

表面看来，我们要用我们的创意和客户最喜欢的当地广告公司一决高下，胜算并不大。我和巴黎分公司的管理团队合作，而巴黎分公司总裁吉哈德·夏比特（Gerard Charbit）观察到，客户方的对接窗口，也就是当地的营销主管是反对我们的，不过最后要由法国万事达卡董事总经理拍板决定。吉哈德了解到，这位董事总经理接任不到一年，之后将升任更重要的职位。

夏比特判断，除非这位董事总经理在目前位置上犯错，否则很难影响到这次重大升迁。夏比特说："我们的责任是要确保他不会出任何差错。"这就是答案了！我们是创造"无价时刻"的专家，要丝毫不差地执行"无价时刻"广告并不容易，广告公司如果不了解这些小细节，就很容易出错。如果高知名度的广告活动在法国市场失败，对他而言面子挂不住，这就是我们要争取的。

执行这个广告创意多年之后，我们知道，要创造有效的"无价时刻"广告并不容易，需要很仔细的平衡，还要注意很多小细节。我们根据现有的资源，给了董事总经理最好的建议，下列是他的隐藏诉求。

第一章 什么是"隐藏诉求"

> **隐藏诉求**
>
> 我必须确保自己不犯错,否则将和重要升迁擦身而过。

最后,我们的要求是,"无价时刻"创意可能会出错,但我们可以确保它很棒。我们运用的情感促因是,董事总经理担心会发生灾难性后果,而诉求目标则是他的新职位。我们必须确保"无价时刻"在法国不会出错,会让该广告在法国和在美国一样受到喜爱、一样红。最后,他选择了我们。看吧!

我的第一次推销 洋基剪刀手

1965 年 6 月,我 10 岁。虽然当时还很小,但我已决定要当一辈子的比稿战将。基于种种理由,包括在每天上学途中,被那些"受训中的小强盗"抢走牛奶钱,我决定开始自己赚钱。我哥哥戴维已经可以开始送报了,但我被判定年纪太小。我注意到,隔壁的男孩韦恩会在周六借父亲的除草机帮邻居除草,可以赚整整 2 美元。

我仔细算了算,如果一次可以收 3 块、4 块,甚至 5 块,就可以赚到一大笔钱。问题当然是,我得有除草机,所以我第一次推销的对象就是我邻居韦恩。我试着说服他,如果我们能一起开始做这生意会有多么棒。结果,他父亲的除草机顺利到手,韦恩负责推着除草机站在邻居家车库的车道，我则向邻居提案，要解决他们的除草噩梦，但每个人都拒绝了我。

  我决定转移对象，接触我觉得比较自在的人。所以，我不再找那些一直拒绝我的丈夫们，改找可以在放学后接触到的太太们。这次我做足准备，画了一幅画，并为我的小公司取了名字："洋基剪刀手"（Yankee Clipper）。我祖父几年前教会我打领结，于是我穿着去教会的白衬衫，打上蓝领结，再次去敲之前敲过的每一道门，只不过这次，我用最灿烂的笑容面对他们，将小纸条塞到妈妈们的手上说："嗨，我的名字叫凯文，我是洋基剪刀手，可以帮您除草，而且我会将一半收入捐给退伍老兵。"我每次推销都成功了，也真的把一半收入捐给了退伍老兵，不信可以问我妈妈！

☼ 好故事的套路

了解到争取对象的隐藏诉求之后,重点就是要将之浓缩成一个充满情感的简单陈述。这会帮助你和团队整合出要让项目对象感受到的精神和情感诉求。花点时间和团队一起做这件事,推敲出你们的文字陈述。这段陈述将是你们取得胜利的入场券,其中包括三项组成要素:主体、情感促因及诉求目标。

主体

意指所要求的公司或组织,应该用"我"或"我们"等第一人称来表述。把诉求当作个人或组织共同的感受,你的陈述可以这样开头:

我希望……

我需要……

我认为,这样的想法很有价值……

情感促因

意指主要的情感动机,也就是恐惧、抱负、渴望、担忧、热情等,反映争取对象的内心感受。

诉求目标

意指触发情感的诉求，也是驱动情感核心的力量。

下面分别按三大类隐藏诉求，示范如何陈述。

希望：我希望别人因为我创建了卓越的金融机构，对我产生认同。

需求：我们需要在市场上打败一次维萨卡，这会让我们一战成名，但我不确定我们能不能做到。

价值观：我觉得"问题是人造成的，所以人也可以解决这些问题"的想法很有价值。

第一章 什么是"隐藏诉求"

下一个练习……

想吸引更多人跟随,争取对象很可能包含各种各样的人。接下来,我将和大家分享很棒的方法,让你找到共同的隐藏诉求,来吸引大家跟随。

别忘了!

每个决定的背后都有隐藏诉求:一种深藏在购买者内心,没说出口的希望、需求和价值观。这是每次成功销售背后真正的动力,当你能破解隐藏诉求,并连接到自己的优势、信念和抱负,和这个隐藏诉求产生共鸣,你就能取胜。

第二章
你的听众

◎ **练习重点**

概念化争取对象，也就是一群有共同隐藏诉求的人，他们心目中有一样最重要的事，你可以依此吸引他们跟随。

为什么同样的信息，有些能打动争取对象，有些却不行？"他们说的正合我意"或"这个要求简直就是为我设计的"，就这么简单？他们会对要求产生共鸣，是因为有共同的隐藏诉求。要运用隐藏诉求的力量吸引跟随者，最有效的方法，就是找出一个共同定义，借以全面了解你的争取对象和跟随者是谁，以及他们为什么重视这些信息。更重要的是，这会让你透彻了解必须传达哪些和隐藏诉求相关的信息，以及必须采取哪些做法。

运用概念化争取对象，要记住一项重要原则：争取对象不是一个数据、单一年龄层，也不只具备单一特性，他们是一群相信同一种真理的人。这会让你清楚了解这些人的样貌，并促使你从多方面思考，哪些事物会吸引这些人，他们又会如何反应。我最喜欢的概念化目标，是政治圈常说的一个族群："足球妈妈"（Soccer Mom）。这群被称为"足球妈妈"的女性群体，居住地点、收入水平、生活方式各有不同，但都因为心中有同一个想法而连接起来。我自己也设定了一种概念化争取对象，我称为"渴望成长者"，这些人都是冒险家，具有奋斗精神和前瞻性，渴望创造出之前不曾存在的东西。

概念化争取对象非常有效，因为基于人的行为去吸引跟随，是以情感、欲望和信念为根本的，而非数据。这个重要步骤提供一个窗口，让你触及想争取的群体并建立连接。因此，争取跟随者最重要的元素是，清楚描述你的概念化目标，了解你要对谁诉说。我在职业生涯起步阶段，就掌握到了这个观念。

只有这个顺序　who → what → how

在广告公司工作多年的好处是，有幸认识非常多出色的人物。其中最杰出、最让人不知所措，也是最让人喜爱的无疑是汉克·赛登（Hank Seiden）。很少有人像赛登那样，对自己的信念如此坚定，又懂得将信念加以推销。他的希葛广告公司（Hicks & Greist）后来和纽约的杰湛广告公司（Ketchum Advertising）合并，他也成为该公司领导者，我们就是在那时认识的。

曾任创意总监的赛登绝不是省油的灯。他很受不了笨的人，曾把复杂的数据往客服人员身上砸，既粗暴又不可一世，却又有一颗坚定的心。他对我非常好，不管多忙都愿意给我时间，也是我共事过的人当中最有趣的。一天下午，他正在办公室，第一千次提醒我广告创作的原则和条理。他办公室的门突然打开，一位光彩动人的优雅女士走进办公室。

她向我问好："午安，年轻人。"接着说，"亨利，我要去布鲁明岱尔百货（Bloomingdale's），然后去找瑞秋。别忘了7点半约在艾伯洛（Abelow's），不要迟到了。"她充满魅力地微笑之后，很快转身离开，和来的时候一样迅速。我以前从没听过有谁直呼赛登的名字亨利，看上去不同寻常害羞的赛登耸耸肩，然后学全美知名脱口秀主持人杰克·梅森（Jackie Mason）的口音说："跟你说，我相信轮回，你知道为什么吗？"我当然顺着他的话问为什么，他回答："因为我下辈子会投胎转世，变成赛登太太。"

赛登是广告圈最有趣的人，也是最聪明的人。他以前常说：

"在商场上,没办法赚到一个五分钱,只能赚五个一分钱。"他很清楚,营销就是要靠创意,全无捷径。要成功,需要努力、专注和原则。赛登著有《纯粹简单的广告》(*Advertising Pure and Simple*),他相信成功的基础就是,"谁"(who)、"什么"(what),以及"如何"(how),而且优先级一定是如此排列。他从不动摇或改变,不会走捷径,更不会让纷杂的意见或杂事影响他为客户创造绝佳的广告要求。我觉得,他和百科全书销售员莫琳,是同一所学校毕业的。

赛登认为,如果不先花时间探讨争取对象,就闷着头去想怎么做,也就是只着重执行面或技术面,就一定会出错。他轻蔑地说,因为"如何做"是比较容易,也比较有趣的部分,而这些走捷径的方法,因为没有努力了解争取对象——也就是前面所说的 who,终究会徒劳无功。他认为,必须先努力了解争取对象的一切,并能充分明确地加以描述,才能进一步探讨 what 和 how。这是这位杰出人士的至理名言。

丘吉尔 说出人民心中的感觉

我读过丘吉尔(Winston Churchill)的每一本传记,相信很多人都记得他这段名言:"我们将在海滩作战,在敌人的登陆点作战,在田野和街头作战,在山区作战,我们永不投降!"

第二章 你的听众

我在书上看过,他如何写出演讲稿。他说自己并非将想法强加在英国人民身上,而是清楚说出人民心中共同的感觉,他只是分享人民已经认同的使命。他点燃了英国人民心中的信念,成功吸引了一群跟随者。

争取跟随者不能将想法强加在别人身上,而要靠我所称的"浮力"(buoyancy)。这种现象就是,领导者启发了一群人,使他们相信你,愿意跟着你"漂浮"。他们信任你、支持你,欣赏你的优点,并接受你的弱点,全都是因为你了解他们,能感受他们心中的想法。争取跟随者的基础在于,了解争取对象共同的隐藏诉求,并用一致的定义加以清楚陈述,将他们结合成一体。

争取跟随者,不只是向五六个人提出要求这么简单。群体愈大,年龄、收入等特性就愈广泛,可能的要求就会愈多面。有一种明智方法,可以用来形容一大群对象——也就是你的跟随者,就是运用他们心中共同的隐藏诉求,并加以点燃。这个共同的隐藏诉求,可以在"概念化争取对象"中找到。

不论在营销广告界还是政界,仔细界定争取对象都非常重要。很多营销人学到的"争取对象",是指营销上要锁定的目标顾客,通常几乎都是以人口统计的方式区分,比如25~54岁的男性、16~18岁的青少年、35~54岁的女性等。这类清楚的定义有助于我们设定具体要求,以及所要采用的传播媒介。

随着竞争环境日益激烈，营销人员和广告公司面对的压力也更大，因而开发出了解争取对象的新方法，将争取对象的描述再往上一个层次，也就是"消费者心理学"层面（psychographics）。这个新层面的目标在于，要在一长串人口统计的描述之外，找出一个群体的共同心理。回想起来，过去对于争取对象的描述往往相当庞杂，充满各式各样的信息，这过程无法带来太多启发，也无法借此凝聚更大的共识。其中的不同之处实在太广泛，无法找到一个共同点。

里根　激励愤怒的白人

清楚定义一个情感和内在欲望相近的群体，源于20世纪后期的政治界。1979年春天，乔·普拉马（Joe Plummer）向他的同事、著名的民调专家理查德·沃斯林（Richard Wirthlin）提出一个非常不一样的方法，可以帮一个演员成为州长，州长又晋身总统。

刚认识普拉马时，他在麦肯广告工作，担任雀巢和可口可乐等国际客户的资深企划。普拉马为人慷慨，和大家都处得很好，他现在是哥伦比亚大学的全球营销学教授。他是个声如洪钟的乐观主义者，在我印象中，他在美国两个最重要的竞选活动中扮演了重要角色。但他非常谦虚，除非你一定要他说出自己的贡献,否则他鲜少提起个人的丰功伟绩,我就让他谈到了那些经历。

普拉马获邀参与拟订里根(Ronald Reagan)的竞选策略,里根当时担任州长的表现相当出色,但参选总统还不太有把握。选举民调显示,他还必须加强争取几个主要的投票族群,才有把握胜选。其中特别重要的族群包括,白人男性、较年长的南方选民、都会的中产阶级及郊区的保守人士。这些选民的背景都不同,似乎很难从中找出任何的共同特征。

普拉马指导众人,先做民调找出这几群人在心态上的相同之处:"我认为在这些人心中,一定有某种相同的感性情绪,不论他们住在哪里,是做什么的,甚至之前投票给谁,都一定找得到这种感性情绪,并运用在选战的宣传当中。"普拉马提出,不同背景组成的群众,都可以通过一种深刻的情感加以连接,这就是所谓的"概念化争取对象"。

民调结果带出两项主要的发现,首先是,这些人普遍有一种强烈的疏离感,觉得完全没有人关心他们。普拉马表示:"就好像他们的声音和贡献,再也不如从前重要了。"第二个发现则是,他们觉得美国曾经伟大而强盛,但江河日下,开始输给其他国家,在经济上输给日本,军事上则输给当时的苏联。

普拉马将这群"概念化争取对象"清楚描述为"愤怒的白人"(angry white guys),这让整体竞选诉求更为有力,用共同的价值体系和关注将这些人连接成一个"群体"。普拉马了解到,这些共同的价值观,可以和里根的优点及他被认可为领导者的优势整个连接起来。这种充满自信的语气,造就了"让美国再振雄风"的竞选主线,让这群概念化争取对象心中产生共鸣。

这场竞选中,还有一支电视广告,到现在都很出名——"美国的清晨"(Morning in America)。这支广告相当振奋人心,向人民宣告美国可以如何提升,这正是这些概念化争取对象的渴望,也让他们产生了心理共鸣。曾任演员的里根,因此高票当选美国第 40 任总统。

克林顿　赢得足球妈妈的共鸣

普拉马的策略能力再次发挥,是运用于完全相反的对象身上,帮助克林顿竞选美国总统。这回争取对象不是男性,而是女性。他用类似方法,对育有子女、背景完全不同的女性产生了有力的洞见观察,不论她们是在康涅狄格州的格林威治(Greenwich, Connecticut),还是在明尼苏达州的杜鲁斯(Duluth, Minnesota)。

许多美国女性的生活都极为忙碌,每天要送孩子上学校,带孩子参加体育活动,主持许多课外活动,还有很多人必须工

第二章 你的听众

作维持家计。她们辛苦的地方在于，必须在经济不稳定、预算赤字屡创新高的环境中打拼，让她们不论多么努力，总觉得心有余而力不足。她们感觉自己好像是在孤军奋战，而把国家未来拿去抵押的政府，似乎并不同情她们。然而她们最关注的不是自己的处境，而是在可见的未来，孩子的生活无法比自己更好，甚至会比自己的生活更糟。

"足球妈妈"这个概念化争取对象，至今仍相当出名，已经成为这群重要选民的响亮绰号。克林顿的主张赢得这些妈妈共鸣，让她们觉得自己不是孤军奋战。克林顿"带来希望的男孩"（boy from hope）的形象，让这些女性和其他美国人认同，通过克林顿的同理心和年轻活力，可以打破暮气沉沉的政治，拥抱新兴的科技革命，而她们和子女能因此获益。克林顿当选美国第42任总统的得票当中，在足球妈妈这个群体赢得压倒性的胜利。我认为，普拉马和团队在界定"概念化争取对象"时，能用同样的感性心态，将一群背景分歧的人连接起来。他应用单一的情感定义，争取了一群跟随者。我这位出色的好朋友普拉马缔造了极为了不起的成就。

普拉马的团队率先提出，用一个相近的情感因素，将群体连接起来。人都想和其他人集合在一起，这种渴求是不分年龄的。美国心理学家马斯洛告诉我们，在最基本的生存需求和安全需求获得满足之后，人最重视就是要有归属感。这是人类的基本

35

需求——想建立人际关系，渴望被了解和接受，也就是希望获得感谢、被需要、爱人与被爱，借以找到情感上的安全感。

人类几千年来，一直在观察该如何联合，因而得以进化并生存到今天。很久以前，人是以部落的形式生活在一起的。群体中的个人为了生存而连接，合力避开所有已知的威胁、元素、动物和其他部落。人类的生存倚赖共同行动和团结，然后形成相同的价值体系，产生共同的深刻信仰、行为、习俗和渴望。

这些价值体系最终都会形象化，比如图腾或徽章，包括国旗也是。帝王和王朝不断兴衰更迭，但人类对共同价值体系的渴望和需求从未改变，我喜欢将之称为"公民"（citizenships）。如今的"公民"概念产生了戏剧性改变，也就是民主的诞生。拜当今数字科技力量所赐，赋予这些公民新的特质。他们庞大而没有边界，因为共同的价值体系和信念而团结起来，超越了地理上的界线。想争取并吸引他们跟随，就必须了解他们共同的隐藏诉求、共同的欲望，不论他们的背景有多大差异。一个共同的情感欲望，会让他们结合在一起，如果能与之连接，就能获得成功。

万豪酒店的争取对象　闯荡战将

我们参加万豪酒店的比稿时（之后会完整简述这个故

事），准备了一沓又一沓万豪酒店争取对象的统计数据和心理描述。最重要的是，要用一种能引起共鸣的"概念化争取对象"描述反映全球万豪酒店顾客的心理状态。这种做法在当时并不普遍，至今仍是。用来描述这个顾客群的词都大同小异，常听到的有，各领域的领导者、位高权重之士、高度成就者。一般人对他们的印象是，拥有私人飞机，身居董事会，通往权力之路等。

我们团队展现出来的却是很不一样的形象。这些常年差旅的上层人士，实际上也是真正努力工作的个人，却往往不太受到关注。他们会长时间离家出差，为公司的利益不断努力。这些在外奔波的人，不论是销售菜鸟还是企业首席执行官，都是在"要求"，都有一个共同的神圣价值体系。他们都是高贵的人，做着高贵的工作，都是为了最重要的人，不论是公司的人还是家人，在外面推销和赢取业务。

我们提出的隐藏诉求，捕捉了这群人的心理，他们愿意为了得到成功做出牺牲。

隐藏诉求

我们要为了家庭和公司取得成功，绝不放弃。

我们用"闯荡战将"（road warriors）的概念，来形容这群杰出的人。为了让这个概念更为生动，在提案比稿的戏剧性过程中，我们公司的副总裁金彼得（Peter Kim）在简报中停顿下来，细细展示我们对这些人的描述。他引用一段剧本来描述"闯荡战将"的灵魂：

没有人会责怪这个男人……威利是个推销员。对推销员而言，生命中没有什么最糟糕的事。他不会什么工艺，也不会告诉你什么法律或医药常识。他是一个带着微笑，穿着锃亮皮鞋，在外奔波的男人。

——阿瑟·米勒（Arthur Miller）
《推销员之死》（Death of a Salesman）

太赞了！

万事达卡的争取对象　使用循环利息的好人

在参加万事达卡比稿的过程中，最大劲敌不是和我们竞争的20家广告公司，而是如何对抗"同质型"的大军。某方面而言，那是充满魔力的。我们会在一项统计资料/事实当中或在某种伟大的主张中找到答案，但都是来自对人内心的洞察。构思万事达卡的比稿内容，让我们费尽心力，首先要了解万事达卡争取对象的组成。想找出他们和维萨卡争取对象在人口统计上的不同特性,简直是不可能的事,两者的争取对象实在太相近了。

在研究这个问题的过程中,我们公司的战略金三角:艾瑞克·艾恩宏(Eric Einhorn)、苏芮斯·奈尔(Suresh Nair)和奈特·普西奥提出一个突破性的定义,用共同的情感因素描述这些信用卡使用者,最重要的是,还能反映万事达卡的品牌DNA。这些人不论背景多么不同,共同的隐藏诉求都是"想把最好的给所爱的人"。这个洞察在内化之后,更深刻地转换为一种社会价值,变得更为有力。更神奇的是,这些都和万事达卡的品牌精髓相连接。这群概念化争取对象为:"为了好的理由,为了重要的人,购买好的东西。"我们称他们为:使用循环利息的好人(revolver)——不会付清卡费,每个月按时还应付款项的使用者。

我们团队访谈了好几十位这样的持卡人,明显发现这群按月还款的人都有着相同的感受:他们的购买行为都是为了很好的理由,为了所爱的人。我母亲也是这样,有人问她,如何凭一己之力抚养一群孩子长大,并迎接许多随之而来的挑战。她回答:"就是靠诸多努力、坚持、耐心、一些好运,还有我的信用卡!"通过许多杰出策略找出争取对象之后,我们接着发掘这群人心中想的是什么。

隐藏诉求

> 我们不是随便乱花钱，只是想给我们在乎的人一个好的生活。

在提案几周前的某个清晨，我们聪明的创意总监乔纳森·克雷宁（Jonathan Cranin）打电话给我。

"我想到一些点子了。"
"好，我马上下来。"
"啊，算了，晚点再说吧，算了。"
"你让我憋死了，我下来了。"

我走进他办公室，看到他面前的计算机屏幕上，写着简单一行字：

有些东西钱永远买不到，除此之外，万事达卡为你实现。

"天啊，我们赢定了！"

我们在几天之内，和好几个人分享了这个启发性的创意，其中包括一个很有天赋的传奇团队：乔伊斯·金·托马斯（Joyce King Thomas）和杰洛恩·鲍尔斯（Jeroen Bours）。他们要依据乔纳森的初步概念，衍生一个广告活动的创意。我们很快再度开会，讨论创意的内容。乔伊斯用她温和但极具吸引力的一贯风格,向我们解释"生命中有许多东西是无法标价"的概念,这就是后来世界闻名的"无价时刻"。我们之所以赢得这次比稿,在全世界争取了跟随者,都是因为我们的客户和他们的客户被这个简单但基本的人性真理打动。而我们的承诺打动了抱持同样想法的群体,也打动了他们的渴望。

这个谦卑品牌的核心,就是每一个概念化目标对象,他们价值观和抱负相近,也都了解万事达卡代表的,不仅是在负担能力之内的消费。那个隐藏诉求,存在于万事达卡的品牌核心。简单来说,就是一些好人,因为很好的理由而购买一些好的东西。我们将这群慷慨、努力工作、体贴的人,称为"使用循环利息的好人"。这些人会拥抱这张小小的塑料卡片,因为它反映了他们内心深层的价值观。

爱立信的争取对象　平凡真英雄

不久前,有位客户获科技业巨人爱立信(Ericsson)之邀,参与竞标全球宣传业务。我们仔细研究爱立信,发现它在全球150个国家的电信事业都有一席之地,让人不胜敬畏。我的客户听完简报之后感到无所适从,因为简报内容跟他们的预期落差颇大。客户听取简报之前原以为会碰到高度理性分析和任务导向的人,就像在跨国高科技企业会碰到的那种人,因为他们从事的是全世界的高科技电信事业。但客户见到的，反而是一群温暖亲切的人，主要在谈爱立信在全世界扮演的角色，很少谈他们在科技方面的优势。

听完简报之后，紧接着就要进行全面研究调查，以了解爱立信的实务运作。客户埋首于爱立信的简介手册，想了解他们的企业宗旨。手册中提到，爱立信人遍布全世界各个角落，从繁华都会到人烟稀少的荒郊野外都有。手册上还说，爱立信这家公司要做一件重要的事："让世界上的人生活过得更好"。我们的团队感觉到，建立全球通信体系这个工作，算不上光鲜亮丽，不过对人类发展极为重要，可惜并未普遍赢得大众的认可。

隐藏诉求

我们想获得应有的认可，因为我们做的事情，会改变全世界民众的生活。

就这样，简单明了。爱立信不再只是一个影子，他们的努力让人类蓬勃发展，是值得自豪的。爱立信的概念化争取对象是，平凡真英雄（the every day hero）。

我们让客户的团队依此发展提案内容，而我则在几周之后，大约是比稿提案前五天回去加入讨论。我走进他们的"作战计

第二章 你的听众

划室",墙上贴满图表、插画,白纸上写满了字,并在几张白色卡片上贴了六个关键概念。其中有一个简单的创意:"创造每天的奇迹。"我转向团队,再次提醒我们定下的概念化争取对象,一切豁然开朗。后来他们以压倒性优势赢得该业务,功臣无疑就是这项创意。

这让我们看到,概念化争取对象的观念不只可以界定跟随者,还能用以筛选构想,判断构想能否和对象连接起来。如果没有概念化争取对象当作参考基准,又该以什么条件,从六个南辕北辙的概念中,筛选出能打动爱立信和其跟随者的创意概念?如果根据书面的技术性简报,"每天的奇迹"这种概念很可能就不会胜出,可能会选出无法打动爱立信内外部跟随者的概念。这也证明了,概念化争取对象并不是虚无缥缈的,而是实实在在的想法,可以在你和跟随者建立连接的过程当中,指引清楚的方向。

☼ 好故事的套路

了解到争取对象和他们的隐藏诉求之后,请发挥创意好好思考,可以创造什么样的情感标签与这些人产生连接?最好的"概念化争取对象",可以用不超过三个词来描述。举例来说,有一家成药公司的营销人员,要界定他们的概念化争取对象。我们的广告团队发现,一般家庭中最关心家人健康的就是妈妈。我们把他们描述为家里的"首席医疗官"(chief medical officer),因为愈来愈多的女性除家庭外,都在商业界占有一席之地,管理为数众多的员工。她们也共同感受到,自己担负照顾所有家人健康的角色,这点她们从不妥协,绝不让步。

我们有位客户是私人银行,专门服务创业家。我们为客户提出的概念化争取对象是,白手起家的梦想者。这些梦想者觉得,自己并没有优厚的条件和背景,全凭抱负和智慧,从最基层开始努力。这些人不是含金汤匙出生的,他们的成功完全靠自己双手,以及看见各种可能性的远见和实现梦想的勇气。

在设定概念性目标时,并不是要做技术性的描述。基本上这是一种有创意的想法,可以用情感特性来描述我们的争取对

第二章　你的听众

象。这个想法是以价值体系为基础,也因此能够让极为不同的人,结合成为一个群体。要完整描述你的概念化争取对象,可以提出下列几个问题:

1. 他们是什么样的人?生活是什么样子的?
2. 他们追求什么,什么事情会让他们辗转难眠?
3. 他们的希望和渴望是什么?

描述出概念性目标之后,接着思考:

4. 是否涵盖了这个群体中所有个体的特性?
5. 是否包含了情感内容,我自己能不能感同身受?
6. 是否是真实的?
7. 是否正中所提出隐藏诉求的核心?

下一个练习……

如何找出隐藏诉求？在无法和对方面对面的情况下，要如何找到？如何才能找出这些藏在内心、无法言喻的内在情感渴望？亲爱的读者朋友，这些，就是一切的根本。

别忘了！

"概念化争取对象"是一种工具，让你从隐藏诉求的角度思考，找到争取对象。这个过程是要清楚界定出抱持着共同人类理念的一群人。这能让人产生高度共鸣，且清楚说明争取对象的样貌、会吸引他们的要素，以及要求他们的方法。

第三章
解锁隐藏诉求

✦ **练习重点**

要发掘隐藏诉求，必须贴近争取对象，仔细倾听，了解他们的内在情感。这表示，你要提出问题，找到窗口，进入争取对象内心的情感动机。

唐恩叔叔是我童年的偶像之一，他不是我的亲叔叔，是我父母最好的朋友。他的妻子贝蒂婶婶长得和电影《绿野仙踪》（*The Wizard of Oz*）里面的好女巫葛琳达（Glinda）一模一样，我很喜欢他们。

唐恩叔叔是警察，从最基层的巡逻警察一路向上升，后来成为纽约州拿骚郡（Nassau County）的凶杀案金牌警探。每当他到家里做客，跟我们说他追捕盗匪，还有我最爱的审问犯人的过程，我都会坐着听得入迷。他说："唯一可以相信的事情就是，事情绝非一开始看起来那样。一定要深挖，才能看到事情的真相。必须扮演一分警察、两分牧师、五分心理医生。"我们的争取对象当然不是罪犯，但就像唐恩叔叔在调查真相时，不只扮演警察的角色一样，我们在寻找隐藏诉求时，也不能只是个生意人。

像警察般询问，像心理医生般倾听

探求隐藏诉求，就是在找出人的欲望。隐藏诉求往往不是显而易见，必须打开特别的天线才能接收到讯号。要找到争取对象的隐藏诉求，没有什么独门技巧或说服方式，必须靠感性的观察、人的敏锐度、体贴、同理心，以及良好的倾听技巧。这些都可以用科学的方式进行，而且可能得放弃一些以往争取生意的方法。

探求隐藏诉求，有时是在与争取对象接触时进行，但如果有时候无法接触到对方，或只能有限的接触，也一样能够进行。无法接触当然比较具挑战性，但还是可以找出对方的隐藏诉求。我们首先来谈，如果提案前可以接触到争取对象，要如何找到隐藏诉求。

第三章　解锁隐藏诉求

我曾带领一个团队,参加强生旗下隐形眼镜品牌的比稿。每家公司在比稿之前,都有一次机会和客户会面。我们抽签抽到最后一个,会谈对象是这家遭逢挑战公司的营销负责人。我们的客户显然相当资深,而根据我侦测到的讯号,他在公司待的年限很长。我们才刚进会议室不久,我就感觉到他分心了。虽然他表现得并不明显,但我很清楚知道,周遭的一切让他很不自在。问了几个问题暖场之后,我问他:"你觉得这个比稿的过程如何?"他突然精神一振:"我宁可去牙医那儿做牙龈治疗。"

连续几个问题之后,我终于问他:"最让你抓狂的是什么?"他回答:"如果再有一个年轻人花 30 分钟告诉我,我们的业务状况有多差,我发誓,我一定会自杀!"

显然在他心目中,这样问问题不是很有效率。再者,他这么有经验的人,却得面对一群出于善意的"年轻人"的不断质问,让他十分尴尬,非常不想参与这一切。我看得出来,他希望看到的人,要像他一样目标明确,能够从乐观的一面看事物。他是个认真严肃的人,想看到能找出解决方案的人。这就是我所谓的,解读会议室的状况、侦测周遭的一切,并随之调整谈话方向。接着,我们开始讨论他的"战略资产",谈话节奏和热情就此节节升高。

我很高兴地说,我们后来争取到这个客户。我们的基调是大胆的乐观主义和可能性,我记得我们称为"可能性诉求"。我们没有在现实问题上打转,所有内容都在谈可能性。之后我问他,为什么我们能够胜出,他告诉我:"因为你们懂得倾听。"

做简报前的 5 项功课

首先,我知道这听起来理所当然,但还是要提醒,一定要尽可能贴近争取对象,尽量花时间和他们接触。我觉得,如果在正式提案前,完全没有和争取对象进行非正式接触,简直是不可思议!但当你真的和争取对象接触时,要让他们喜欢这个过程,不要变成令人害怕的质询。和争取对象会面包含前期和正式接触,有 5 个关键步骤:

1. 事前准备:重点不在简报里。
2. 接收对方的信息。
3. 像心理医生那样思考。
4. 用对的方式倾听。
5. 问对的问题。

下面一步步探索各个步骤。

1. 事前准备:重点不在简报里

在为比稿做准备时,我们通常会先看到对方的现实状况。

第三章　解锁隐藏诉求

我们面对的可能是一个摇摇欲坠的品牌、一家需要重整的公司。面对这些现实当然是我们的任务，但这个任务只是解决方案的元素之一。在比稿之前，客户通常会先提供"简报"，可能只是简单一封信、一封电子邮件，简要描述他们希望你准备的内容，或要你解决的问题。当然也可能会提供清楚的清单，列出所要求的准备内容及完整的参考数据。

我看过无数公司针对简报想出了非常棒的解决方案，却搞不清楚最后为什么没能赢得青睐。最重要的不是简报里的明确要求，而是要了解争取对象的心理，以及要以哪些做法来回应最关键部分。不论拿到的简报是什么形式，也不论简报里说了什么，这些都不是他们真正的渴望，也不是你该要求的重点，隐藏诉求才是决定提案成败的关键基础。客户的简报当然必须响应，但响应内容必须锁定对方的隐藏诉求。

你得做足功课收集二手资料，了解潜在顾客，然后讨论并推敲出隐藏诉求。我很爱用这个技巧，因为这会让团队在和对方面谈前，就进入探求隐藏诉求的状态。这能让人借此准备好一系列问题，并用不那么技术性的背景，筛选所听到的信息。

2. 接收对方的信息

第一次和某人见面，你绝对不会正经八百地说："我想和你发展一段友谊，这段友谊是根据以下条件……"相反，你们会

51

先聊天，观察彼此，找到一些内在的共同点。争取就是一种人类互动的行为，不是在实际距离上和争取对象接近，而是在感性上要贴近。我很意外看到许多公司从收到简报后到进会议室提案期间，很少花时间跟客户相处，甚至完全没有互动。这等于是要在短短三小时里，了解客户背景，找到隐藏诉求，并据此明确表达自己的提案，这是不可能的。

要找出隐藏诉求，正式提案前的首次会谈是一大要素。如果是正式的简报会议，就可以趁这机会请教客户。而如果是客户在发出简报之后所安排的问答时间，这就是你的会谈机会，要借此仔细了解对方，并寻找隐藏诉求。这是整个流程中最重要的一个步骤。

对于接受提问的人而言，问答时间可能会令人胆怯。因为问问题的人可以掌控局面，所以你比较占上风。这流程会让人感到很不自在。有位客户在我们赢得比稿，彼此较为熟识之后，告诉我他觉得问答时间很像在接受质询。很多提问者认为，问答时间是一个很好的表现机会，可以提出聪明的问题，这种想法是一个灾难。问答的目的不在于炫耀，而是要让客户告诉你有哪些事必须了解，这不是让你表现的时候。

要找到隐藏诉求，必须专注在议题上，并让客户感到轻松自在。唐恩叔叔说："为了达到问题的核心，我尽可能让他们感到轻松。没有人会跟让自己害怕的人分享任何事情，如果对方

第三章　解锁隐藏诉求

感到害怕，他们说的任何话都只是为了打发你。"当我想到或提到这些会议时，我用的词是"访谈"（interview），这会让整体经验变得不同，不会让客户感觉像在聚光灯下那般不自在。那是一种恭维，将这过程从类似质询的经验转变成是对他们公司的祝贺。客户会感觉很好，更容易放松自在，并让你参与。质询是在审查，而访谈则是一种庆祝的过程。

在倾听的时候，要有意识地将注意力从自己身上移开。必须专注在客户身上，放开自己，运用正向的肢体语言：手掌朝上，手脚不要交叉。有很多书都在谈这个相当重要的主题。人与人的沟通是"全面"的，通过所说的话、眼神、语调和语气变化等，另外也会利用身体说话。正如唐恩叔叔所说："你马上可以看出，对方说的话和他们表现出来的是完全不同的两回事。"同样，当你说了对方特别感兴趣的事情，你可以马上看出来，他们显得特别兴奋。

明显的正面信息包括，乐观和自信时手臂会张开、手掌朝上等，而戒备的表现则有手臂交错及眼睛快速转动。我通常会退后一步，整体观察对方是放松还是紧张；从对方回答问题时的肢体动作和说话方式，观察他们是否感到兴奋。情绪是会显露在外的，你必须从这里更进一步探索，因为对方展现的情绪，可以带领你找出他们的欲望。仔细寻找，找到之后，用一些问题来引导到这条路上。

53

坐直身体，并将身体向前倾。在对方说话的时候，借由点头让他们知道你在聆听。在安静的关键时刻，大部分人会想说话来填满。不要这么做，反而应该总结对方所说的话，并根据自己听到的内容给予响应。这会让对方知道你在乎他们的话，并鼓励他们继续告诉你其他事情。

3.像心理医生那样思考

我们在探求的是争取对象的情感，这绝不是显而易见的。其中包括社会传统、政治考虑，还有人承认内心的隐藏动机之后，随之而来的脆弱感。放下"专业人士"的面貌，让自己成为心理医生。这种角度转换，会影响你看待整个过程的观点，也会改变你所提的问题和所做的结论。仔细观察对方如何回答问题以及他们对这些问题的反应。

想象有一个团队去拜访潜在客户，希望赢得青睐。大家在会议室里整齐坐好，咖啡壶里装满了咖啡，甜点和水果也都准备好了。彼此简单问候之后，团队领导者开口问："所以你们希望，我们在下次会议要提出哪些东西？"假设客户这样回答："我希望你们能告诉我，这一切该怎么做，因为我完全不知该从何下手，而且我担心会被其他人发现！"这或许就是对方要求比稿的原因，但是你绝对不会听到他们这么说！那种感觉确实存在，他们心中也确实这么想，而唯有可以找到、破解，并使之产生共鸣的团队，才能赢得青睐。

在以后的初次会议或简报会议之前，一定要先做足功课，问自己：对方是谁？要如何了解他们是谁，他们对什么感兴趣？他们是什么样的人？

你可以借此判断对方的想法和感受，并指引你找到隐藏诉求的走向。能够在会议之前先了解争取对象，就足以取得先机。你的观察和提问，会因此获得更有意义的深刻内容。因此要做足功课，完整勾勒出对方的全貌，并了解哪些因素会让他们感到振奋。

4. 用对的方式倾听

新一代的人似乎愈来愈支持对外的信息传播，YouTube、博客等方式愈来愈受欢迎。从很多方面来说，这些自我表达的方式都很棒，但有人会问："大家都在说，有人真的在听吗？"在我的经验里，很多人将要求视为一种"空谈的才能"。

就我的观察，顶尖的推销高手都是善于观察的倾听者。我们都懂得说，除了学会母语，还学了各种语言。我们上过演说的课程，但有任何人上过倾听课吗？我母亲说，我的预防针是用唱针注射的。我承认她说得对，我总是说个不停。但是在商场上，我周遭都是很聪明的人，说的都比我多。记得我奶奶曾说："聪明人才会保持沉默。"她的话很有道理。保持沉默让我更能仔细听别人说，并思考自己该说什么。当我说话时，说出来的话就能让群体产生共鸣。

懂得倾听不只能让你掌握客户所说内容的核心，还能让你戴上 X 光眼镜，看到对方深藏内心的隐藏诉求欲望。我认为，善于倾听是非常了不起的。倾听的时候将对方的利益放在自己之前，这能让对方畅所欲言，让你确实了解他们表达的意思，并让人感受到你真心在乎他们。

要从各种线索之中寻找争取对象的背景，也就是他们的喜好及看待事物的方式，我们将在第四章中更进一步探讨。了解争取对象，能帮你从他们的角度来判断反应好坏，并顺着他们的人格倾向来表达。让对方知道你在倾听，适时做总结，会让人觉得自己可以充分发言和分享，而且你会倾听并给予支持。当人觉得愈自在，就会谈得愈深入、愈坦白。

你公司里一定有些人天生具备很强的同理心，从一开始的简报会议，就应该带这个"明察秋毫"的人同行——在我的团队里，这个人正是我自己。当其他人忙着完成手边任务等"专业"问题时，这个具备同理心天赋的人，要专心挖掘内在的情感议题，就像具有"情感 X 光"一样，这就是人心剖析魔法的用武之地。事先做好功课，就能确保会议室里有一个人会和他意气相投。他们会产生很好的共鸣，而这位和蔼可亲的成员会用对方的"语言"来表达，让客户感到自在。会议室里如果有个高度人际导向的人，这位具有同理心的成员就能纯粹从人性观点仔细观察彼此的对话。当其他人在问事务性问题时，人类兴趣和本质的问题也会获得探讨。

5. 问对的问题

  我母亲常说，你如果问了笨问题，就会得到笨答案。同样的道理，如果问事务性的问题，就会得到事务性的答案。如果问题愈是基于本能或感性，就愈能找到隐藏诉求。将问题区分为和生意有关的理性问题及感觉和本能的问题，请争取对象表达他们的观点。聆听时不要像法院书记官那样，只顾着做笔记。要将接收到的事实整合成一个完整主题，纳入争取对象想传达的意见及感受。这些回答将体现出隐藏诉求，但唯有提出能引发感性响应的问题，才能得到这样的结果。

  简报会议往往会谈到一些最基本的事项，使谈话偏重在必须完成的事务上。在我看来，其中最为关键的是"背景"或"现状分析"，因为隐藏诉求通常就潜伏在这里。从讨论中找到隐藏诉求，最能了解到对方的感性欲望。这阶段可以找出，对方有哪些情感需求无法被满足。

  在简报过程中，要请客户进一步说明现状，使其确实表达相关意见（也就是感觉）。在他们眼中，公司面对的现状是机会还是威胁？杯子里还有半杯水，还是只剩半杯水？下列问题，有助于你问出你想要的回应：

我对贵公司目前所处的环境非常感兴趣，能不能请你进一步说明？

你的直觉如何？

之前有没有遇过类似情况？

在这个情况中，最大的机会是什么？

你对公司整体的看法如何？

只要能有效探求，隐藏诉求就会开始浮现。为了找到隐藏诉求，可以开始提出一些问题，从三大类隐藏诉求中找出相关反应，也就是之前提过的希望、需求和价值观。

希望

这类前瞻性的问题，能找出自信的争取对象对未来的看法。

如果要你为公司描绘一个梦想，会是什么？

市场对贵公司的各种看法中，什么最让你感到挫折？

需求

这类问题，会让争取对象表达他们的担忧。

哪些事会让你晚上睡不着？

你面临的阻碍是什么？什么事会影响你实现计划？

价值观

这些问题能找出，争取对象受到什么价值体系指引。

你认为贵公司有共同的价值体系吗？

你认为这些信念可以驱动你的解决方案吗？

你认为贵公司的宗旨是什么？

在探询这三大类隐藏诉求时，会有一个会最清楚浮现。可以从对方讨论这些议题的时间，看出他们对此的关注，只要仔细观察一定看得到。当看到这个情况开始发生，就到了进行"阶梯法"的阶段。

阶梯法　先找线索，再解构、重组答案

阶梯法这项技巧，可以指引你具体找出对方的隐藏诉求。我来打个比方，让各位了解这个方法和其重要性：沟通就像《星际迷航》（*Star Trek*）中的轮机长史科蒂（Scotty），将人隔空传送到各个地方。他先将人分解，通过传送穿越太空，再将他们在其他地方组合起来。他人和你沟通时，你得到的是分散的信息，然后必须将它们组合起来，画出完整的感性图像。

隐藏诉求是每个购买或采用的决定背后深藏内心的情感原因，所以重要的感性洞察不会明显可见，也一定是没说出口的。

人通常不会清楚意识到，自己有这样的欲望，也不清楚自己动机的强度。即使知道，社会常规也会让他们不说出口。"阶梯法"通过一连串相关的问题，更进一步探询每一个响应，非常有助于找出这些欲望。人在谈话时，习惯依照以下层次沟通：

事实、趣闻逸事和故事。
核心想法或信息。
藏在心中的情感和欲望。

阶梯法这项技巧，在临床心理学发展已久，被用于了解人更深层面的内在价值观和动机。阶梯法会在讨论过程中，用一系列问题和响应，探求一个人的感受及其动机的核心。我们可以看出，在对方每一次回答的背后隐藏着什么动机。这也证明了，为什么在探询欲望时必须深入挖掘。运用阶梯法时，只要找到一条线索，就要沿着这线索继续提问，通过"为什么"等相关问题，找出受访者每一次回答所代表的更深层想法。这会让你奠定实质基础，了解对方的感受。比方说，以下是之前谈到的强生比稿经验。各位可以从这个例子看到，阶梯法如何逐渐让客户从原本的广泛想法，表达出隐藏诉求。

问：这些问答时间，有助于你们传达公司优势吗？
答：这是要达到最好结果的一种流程。
问：你自己对这种流程的感觉呢？

答：我宁可去牙医那儿做牙龈治疗。

问：这过程中，你最难忍受的是什么？

答：如果再有一个年轻人花 30 分钟告诉我，我们的业务状况有多差，我发誓我一定会自杀！

谈到这里我们都笑了。但至此我们知道，要让讨论直接进入"杯子半满"的乐观状态，也就是正面强调他们的机会，以及他和这个品牌该怎么做才会成功。在刚开始时，对方会回答比较程序化的问题。但通过阶梯法找出情感的方向，就能开辟路径，到达更深刻的情感核心。

像侦探般找线索　5 个绝佳的信息渠道

很多人告诉我，他们无法在提案之前见到最终决策者，就算见得到，时间也非常短。不可否认，这会让过程变得额外困难，但也不是完全没有希望。别忘了，找出隐藏诉求就像侦探的工作，不只要找到证人和嫌犯，还得努力搜集各种线索和物证。

如果无法花时间和争取对象相处，就必须从其他来源找线索，这才是侦探的工作。现在很容易找到大量的企业相关资料，因此也可以从他们发布的信息中找到隐藏诉求。教大家一个小技巧，将这家公司连续两年的年报放在一起检视，读读他们的语气、风格和价值观，从中可以看出这家公司的文化背景。另外从演讲、公司手册，以及各种网络转载的二手材料，也能找到相关线索。客户给你的内部文件和简报尤为重要，这可能是获取重要线索的唯一方法。下列 5 种信息渠道，对各位应该会有帮助。

1. 社交媒体

要寻找特定对象的工作经历和个人信息，网络是一大利器。仔细搜寻，就可以结合相关信息，建构成争取对象的档案（我也建议你要这么做）。通过领英和脸书等网站，可以获得许多争取对象的信息，了解他们的生活方式。但要小心，必须仔细加以查证，因为任何人都可以在网络散布信息。要了解哪些信息可信，哪些不可信。

2. 二手资料

我们真的很幸运。前所未有的民主化让我们可以不费力取得各式各样的信息，包括公司内部的沟通、对外发布的文章，以及分析师与权威人士发表的文章和意见，甚至是详细的个人资料。

我其实不喜欢"二手"这个词，因为这无法表现出它能挖掘隐藏诉求的价值。从网络上的各种数据，可以了解一个人的职业生涯发展。仔细研究这些内容，可以了解他们的心态。争取对象或他们亲友的文章和博客也是非常宝贵的资源，从中可以看出他们的观点和隐藏诉求。

上网查找相关信息，找出争取对象的公司或个人资料。好消息是，这些信息都非常丰富，也一定找得到。通常，别人都已经帮你深入挖掘，还会提供他们的意见，你只需要从中找到线索，并加以解读。但我必须再三强调，一定要小心筛选数据，确保可信度。

3. 公司的内部数据

为提案做准备时，你可能经常将自己埋没在客户提供的数据里，这些数据讲的都是公司外部环境及他们面对的情况。一般很少去找客户公司的内部窗口，请他们提供线索，让你了解公司的价值观和内部运作。如果能向他们探询员工才会看到的内部数据，比方新进员工的员工手册、首席执行官的话等内容都会是很棒的线索。前面提过我们赢得爱立信的案例，我们就是在他们的员工快讯当中找到隐藏诉求的线索。客户听到你有兴趣了解他们以更加认识其市场地位和机会时，都会很高兴。

进一步探询下游的人，特别是销售人员等一线服务人员。这是他们公司真正面临的现实，可以让你了解最真实的状况，也最能找到和隐藏诉求有关的有用线索。挫折和兴奋感在这些人身上会被放大，并表现出来。

4. 六度分隔

常有人说，你和世界上任何一个人之间的连接，都不会超过六个人，不论那个人看来离你有多遥远。接近与你争取对象靠近的人，有助于了解他们的内心世界，并清楚得知哪些观点可以触动他们的情感。我深信"接触策略"的概念，就是要尽量从各个方面去接近争取对象的生活圈。如此才能近距离观察，找到大量信息，以挖掘出隐藏诉求。

5. 童言无忌

一群新进的业务开发人员，他们花多少时间和客户公司中资历较浅的人谈话，结果没有人举手。我经常会要求见他们，因为这不只会令他们惊喜，还可以借此找到他们和资历较深者之间的情感差异。他们会分享一些资历较深者不会说的信息。

说故事之前，先学会倾听

我读过无数商业书，尤其是在准备写这本书的过程中。我突然发现，从来没人会告诉你他们也失败过。我要打破这个传统，说说自己当初参加法国旅游局比稿的经验，强调聆听的重要性。能参加这次比稿，对我当时服务的小公司杰湛广告来说是一个很珍贵的机会。当时我 22 岁，客户方的主要联络人是一位优雅的男士乔治·赫恩（George Hern）。他个性豪爽，喜欢交朋友，大家都很喜爱并尊崇他，特别是法国政府。他还因为表现杰出，获得法国政府的荣誉徽章，他会自豪地把徽章别在领子上。他在比稿过程中教导我很多东西，成为我的导师。在提案之前，一切都进行得很顺利。

到了提案那天，我们全公司的人都在会议室集合，等待法国代表到来。墙上挂满了我们的提案内容，大家都进入备战状态。这时，会议室的电话突然响起，打破了等待的沉默，我走过去接起电话。

"你好？"

"凯文，我是乔治。"

"嗨，乔治，我们都准备好了，等着见你们呢。"

"凯文，天啊，会议是在这里举行！"

我把开会地点搞错了。我完全僵掉，全身的电流从头部窜到脚上，又窜回来。"啊，我知道了。"我说，不想让同事们恐慌，更重要的是，不要让他们把注意力转到我的重大错误上。各位可以想象吗？我第一次得和所有高层主管说，我搞错开会地点。我的前途危在旦夕,我要怎么解释?乔治接着说:"凯文,马上挂掉电话,跟你同事说出了一些状况,其他什么也别说,赶快到这里来。"

我没仔细倾听,然而这才是比稿中最重要的事情。我告诉同事出了一些状况,得用最快速度赶到他们办公室。我们马上拿起东西,赶到纽约的另一头去。到了之后,一切准备妥当,乔治起身开场:"各位朋友,你们知道我年纪大了,真的很抱歉把地点搞错了。凯文,谢谢你和你们团队这么配合我们。"

他当场担下了我的过错。这位男士,我和他之间已经产生了情感连接,他乐意为我承担错误。原因在于,我们之间有互相了解的连接。这是我学到的第一课,和对方建立更深层连接,不论发生什么事,不论犯了什么错,他们都会跟随并支持你。乔治,不论你现在在哪里,你对我真的太好,我至今仍全心全意感激你。我学会最重要的一课,倾听是推销员最重要的技巧。

P.S. 我们后来赢得了那次比稿。

下一个练习……

完成了关于对象（who）的调查，接下来就要将自己和对方连接起来。深入挖掘你独特的天赋——你的"优势资产"（leveragable assets），然后将之在客户、观众与跟随者之间，建立起无法动摇的连接。

别忘了！

探求隐藏诉求，就是要找出人的欲望。这通常并不显而易见，你必须升起独特的天线，才能接收到这些信号。你需要感性的观察力、人的敏锐度、体贴、同理心和很好的倾听技巧。别忘了：重点不在简报里，要懂得接收信息，像心理医生那样思考，用对的方式倾听，然后提出对的问题。

THE
HIDDEN
AGENDA

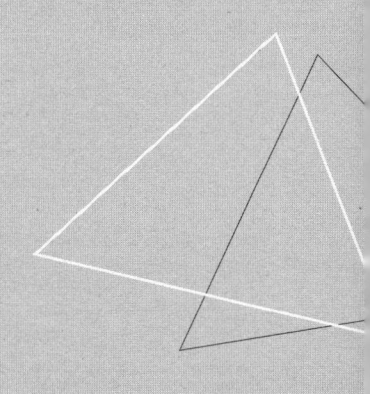

第二部分
说什么内容

第四章

你的核心

✦ 练习重点

你的核心,就是你最重要的本质,也就是你这个人独具的能力。这是让你与众不同的地方。要运用这个核心和对方的需求连接,因为这是你可以补足顾客不足之处,他们会因为看到你有解决方案而选择你。

那是公元 2000 年,美国有线电视新闻网(CNN)在全世界各个时区的半夜 12 点整,现场转播新年庆祝烟火。其中一个地方的烟火非常特别,就是柏林布莱登堡大门(Brandenburg Gate)上空燃放的烟火。

千禧年到来时,我在伦敦的麦肯广告,和我们全欧洲九十多个分部合作开发新业务。在德国的同事打电话告诉我一个非常好的消息：他们进入了德国汉莎航空新广告业务代理商的候选名单。我们知道，我们不只有机会争取到德国分公司，还可能赢得其全球的业务。那时我已经在德国待了一段时间，我和德国相当有渊源，我们家族的起源可以回溯到巴伐利亚的一个小镇。我的外曾祖母施耐德（Schneider）在1882年带着11个孩子来到美国，我自己也会说点简单的德语。

汉莎航空　传承卓越

在提案之前，我们开始尽可能与汉莎航空的人见面，我们通过这些访谈清楚感受到，我们所见的汉莎航空员工全都以自己公司为荣。在他们心目中，汉莎是全世界最棒的航空公司。只要仔细看他们方方面面的表现，就能发现这些员工是对的。与此同时，麦肯广告也正在柏林设立一个卓越中心，现在已成为德国最大的广告公司网络。我们公司非常独特，用各种传播方式和消费终端建构全球的传播网络，全球每一个分公司都和麦肯这个卓越中心紧密连接。

在千禧年到来之时，柏林上空燃放的烟火对德国而言更具历史重要性。千禧年揭开了崭新一页，一个新时代的开始，象征德国有着充满活力的未来。还记得我在布莱登堡大门上俯瞰柏林时，柏林人对我夸耀："柏林的起重机，比全世界任何地方

第四章　你的核心

都多！"那时，迪拜和上海还没崛起。大家都同样感觉到，德国的自豪相较于过往历史，自信心不断增加。对我而言，汉莎航空的隐藏诉求非常清楚。

💬 隐藏诉求

我们要保持全球最佳航空公司的表现，但我们担心会显得太强势或太自大。

麦肯的团队得知，汉莎航空因为有着过去的包袱，不太敢这样宣告。而随着千禧年到来，加上汉莎的确是杰出的航空公司，确实应该这样向外宣告。我们明确认知，必须将他们的隐藏诉求连接起来，陈述出这个事实。汉莎航空在各个方面都是同业领导者，从航线及飞机的创新、飞机维修和机舱服务各方面，都成为行业的标杆。所以结论是，德国的骄傲并不是不能说的禁忌，有两个词可以完美形容这家航空公司：骄傲和卓越。

获得汉莎航空青睐的关键在于，连接到彼此共同的核心——卓越和骄傲。我们不只要法兰克福的总部参加比稿，更要和他们分享我们的梦想，也就是第一个在柏林创建的、值得骄傲的全新现代广告公司网络。这当然非常务实，也准确响应了他们的简报，他们将可以得到最新科技的全球性传播服务。

这一点正是我们对柏林的共同认知，也就是德国的自信和骄傲。但真正打动他们的，是我们所传播的内容。

我在会议当天告诉汉莎航空的高层主管，这个会议要谈的是骄傲和卓越，他们的和我们的。我谈到我们共同具备的领导地位，麦肯是全世界第一的广告公司，现在也是柏林第一。接着我揭开会议室旁一张桌子上的纸板，展示一架飞机模型：机身0.6米长的1955年汉莎航空"超级星座"（Super Constellation）。

一位汉莎的高层主管马上说："那是超级星座！"他说对了，那是当时在德国非常受欢迎的重要机型，也是德国从战后成功向前看的象征，一向代表了汉莎航空的卓越传承。我继续说："你们一直是，也永远都会是世界上最棒的航空公司。这个特别的时刻，正是你们宣告领导地位的最佳时机。"那时我们团队中有一位创意总监，他的父亲是汉莎航空的驾驶员，母亲是汉莎的空服员，他提出一句简单口号："无与伦比的飞行经验。"这时，大家都笑了。

我们连接了启发汉莎航空高层的隐藏诉求，展现出我们了解他们的内心，并响应他们想在飞行卓越上获得应有评价的心情，这些都是由彼此共同的骄傲和卓越感所驱动的。我们赢得了这个业务，而我可以自豪地说，这个概念和我们之间的合作关系，之后还持续了十多年。

第四章 你的核心

真诚，胜过一切

要找到核心，必须抽丝剥茧，探究自己真正杰出的地方，这样最终才能够产生连接。我在刚进入广告业的不堪开始，就学会了这一点，当时我真的是从"走后门"开始的，之后会再谈到相关细节。我大学时期在万豪酒店的餐饮服务部打工好几年，这样的背景对麦迪逊大道上光鲜亮丽的广告人，并不具备什么吸引力。因为我的背景不够好，几乎每一家大型广告公司都拒绝我。有一天我在翻《广告年代》(Advertising Age) 杂志时，看到他们介绍一家做餐饮服务的广告公司，专门帮万豪酒店等公司做广告，太棒了！

那家小公司名为"食品集团"(The Food Group)。我查到公司创办人兼首席执行官的名字，他叫唐·艾瑟罗德 (Don Axelroad)。之后整整 4 个月，我每周一都打电话给他。他的秘书是位很有耐心的女士，每次接电话都会说："哦，你好，艾伦先生。哦，对不起，艾瑟罗德先生现在不在，我会告诉他你打电话过来。"我几乎能同步复述她说的话，我很想这么做，但从来没有。

有天早上 8 点半，我又打通了电话，只是这次对方的声音很沙哑："我是唐·艾瑟罗德。"我突然结巴，说不出话来："嗯，我是凯文·艾伦。"艾瑟罗德惊讶地回答："天啊，是你！你到底想做什么？"我立刻回过神来回答："我要一份工作！"他笑了几声之后，把我介绍给他的合伙人哈瑞·德兰尼（Harry Delaney）。接下来，该怎么向德兰尼推销我自己？

我依照约定时间和德兰尼见面。和这位出色的广告人和销售人员闲聊几句之后，他问了我第一个问题，也是唯一的问题："你没有任何营销或广告经验，我为什么要用你？"我说："我有强烈的热忱，而且非常努力，大家都喜欢我。我也是你们的争取对象，我是了解餐饮服务的线人，比你们员工都了解争取对象！"

德兰尼傻笑看着我，回说："好吧，聪明的家伙，让我看看你的本事。"他给我出了个题目，要我找出和西红柿相关的大小事。后来才知道，原来他要参加德尔蒙食品公司（Del Monte）的比稿。两周后，我成功地朗诵了神圣西红柿的相关内容，德兰尼打电话给我，告诉我这个消息："听好了，你完全没有任何经验，从没在广告公司工作过，也没有任何营销背景，我不知道自己为什么这么做，不过你得到这个工作了。"那是段很棒的经验，我从德兰尼和艾瑟罗德身上学到很多。但现在回想起来，我真正学到的是，找出自己的核心并加以善用。也就是说我从自己的核心经验和个性当中，找到了最重要的且真诚的部分，并将之和相关环境连接。我很喜欢在那家很棒的小公司工作，这些慷慨的人视我为己出。因为我的事业心，我很快就到总部

第四章　你的核心

位于匹兹堡的杰湛广告担任客户执行。

"完美男人"，那不是我

从此，我加入了激烈无比的竞争。我很快发现，如果要有效参与竞争，就得采取全新的形象：商业巨子，身穿蓝色西装、白衬衫，打红领带，穿绅士皮鞋。我采取了介于知名演员肖恩·康纳利（Sean Connery）和美国当红主播沃尔特·克朗凯（Walter Cronkite）之间的风格。我说服自己，要取得成功，必须遵守一系列穿着标准和符合企业典型的故事。我的策略很简单：我是个完美的人，给人的印象就是，刚从马球场回来，或刚在大学俱乐部图书馆花了一下午，准备到遥远的首都城市和产业领导者畅谈。

一天下午，我正在跟同事讨论新业务比稿的事。正当我用一般人的方式读出争取对象的相关数据时，门突然慢慢打开，一位独特的男士走了进来，走到房间后面，他是比尔·甘治（Bill Genge）。这位穿着无懈可击、一头白发，曾是"二战"空中战斗英雄的优雅男士，是我们公司的总裁。他受到大家爱戴和尊敬，非常高贵，几乎所有人都很崇拜他。我向来只能远远地崇拜他，因为我从没有见过他。

甘治先生刚好来出差，想知道纽约团队在忙些什么。我紧张起来，继续用我絮絮叨叨的风格说话。等到休息时间，甘治在茶水间找到我，将手臂放在我身上说："孩子，那个提案棒极了！不过可以给你一个建议吗？你为何不脱下你的蓝西装，做真正的自己。那是我们想看到的，也是我们喜爱你的原因。"我无比震惊，这个素昧平生的人，怎么会看出在我世俗的外表下藏着真正的我，而这个真正的我，又为什么是这个世界想看到的？

我花了很大力气掩饰自己，真正的我有一点怪异、精力旺盛、敏感、具洞察力，而且有一些搞笑，但这些都不是可以在商业界出头的特质。我因为这样的观念调整自己，用平常商场上最有效的方式，依循着大家认为最重要的目标，也就是沿着企业阶梯向上爬。后来发现，原来不只我有这样的想法，从20世纪50年代开始，很多企业界人士都是这么认为的。

这样的观点和行为，还让威廉·怀特（William Whyte）写就《组织人》(*The Organization Man*)。书中论及在严格的企业文化中，企业里的个人如何被有效归类为企业整体的一部分。企业里的人都被灌输一种观念，要成功，就要完全为公司奉献，为了公司的整体利益而牺牲个人。为了企业的"归属感"，每个人的个性和自我都要做出牺牲。真是可怕！追根究底，你的核心才是你成功的护照。不需要为了成功，而在心理上向你服务

第四章　你的核心

的组织投降。我原本认为，自己的特质并不能在企业中取得我所要的成功结果。但后来学会，想要成功，就要成为真正的自己。然而这并不容易，为什么？因为有很多的"训练"都会告诉你，成功的人都拥有某种特质。问题在于，要如何从这些方面当中，找出你自己到底是谁，你的核心是什么。

赢得业务并吸引跟随，要靠的是展现真正的自我，让其他人看到你真实的样子，借此产生人与人之间的连接。甘治给我的忠告很对，因为我在扮演完美形象时，只是说话，却无法和他人产生连接。完美形象代表着空洞的核心，而不是真正的人。别人想看到的是，这个人或这个团队、公司充满了丰富的特质，让他们被吸引，并产生亲切连接，甚至会产生一些好奇心。

找寻你的核心，是一个自我探求的过程，更重要的是，要相信自己真正拥有的独特资产。不论对人还是对公司提案，都必须展现出你的真实样貌，才会有可信度。找到真正的自己，不要介意他人看法，勇敢将主要元素表现出来，这是一段困难的过程，需要自律和自信。无法展现出核心，你就无法让人清楚看见价值，也不会有人因为令人信服的动力而跟随你。这是来自你内心深处的真实样貌，也唯有发自内心，才会真实呈现。下面这首好诗，清楚捕捉了这个真正的"声音"。

我不是我（I Am Not I）

我不是我。

"我"这个人，

和我并肩而行我却看不见，

我有时会抽出时间拜访，

有时会忘了。

在我说话时会保持冷静和沉默，

在我悔恨时会温和原谅我，

在我不走路时继续走，

在我死后也将继续活下去。

——让·拉曼·希梅涅兹

我第一次听到这首风格清奇的诗，是在一次麦肯广告男性高层主管的周末聚会上，由诗人罗伯特·布莱（Robert Bly）朗诵。那次聚会是为了打破麦肯广告男性员工强势的刻板印象。《广告年代》杂志记者格雷格·法瑞尔（Greg Farrel）曾加以报道，写成了"麦肯狂人"（The Wild Men of McCann）。这场聚会由当时的麦肯副总裁金彼得发起，这是他大刀阔斧变革计划的一部分。

聚会的主持人就是布莱，在布莱这位说故事专家的魔力之下，身经百战的强势麦肯老将很快放下了身段，这群人不可思议地展现出另外一面，完全不像刚到场时只有单一面貌的战将。聆听布莱一边拨着单弦琴这种低沉乐器的琴弦，一边朗读这首诗，让所有人全神贯注，自我反省，也让我们知道，自己内在有个独特且深刻的自我。

我学到最重要的事情是，不管做什么事，你要能够在这个世界上占有一席之地，核心在于你，真正的你。那个你，才是大家会跟随的。以我而言，就是甘治要我展现的那个真正的我。

百老汇人格特质剖析

每种人格特质都很不同，每个人对特定情况的反应，以及处理信息和决策的方式也都不同。你必须借由下列问题，审慎判断哪些才是他们最重视的：

1. 你的剖析结果是什么？
2. 你组织的剖析结果是什么？
3. 你提案对象中，每一个人的剖析结果是什么？
4. 这将如何影响你要呈现提案内容的方式？

纽约前市长朱利安尼曾说："领导者的责任之一，就是要满足被领导者的需求。重点不在于顺应对方改变你的信息，而是要让每个人都能了解你所传达的信息。"各位不妨这样想象，要确认争取对象特质的过程，就像是到了意大利餐厅之后，发现菜单上有各种不同的选择。

我花了一段时间，以荣格的理论为基础开发出一个简单平台，并可以运用到广告业之外。这些人格特质类型当然没有精确的科学理论基础，我只是将荣格心理学的理论运用到人的倾向和偏好上。我在和不同类型的公司合作时发现，有必要运用比其他剖析系统更口语的术语。我之所以选择这些术语，也是因为我热爱百老汇的戏剧，这些术语分别是，剧本、舞台、演员和跑马灯。这很有趣，我们可以找到自己最喜欢的明星，来描述我们要要求的对象，下列依序介绍各种类型。

剧本型

剧本型的人重视流程，看重细节，仔细且有秩序。他们对于流程及方法，和对于结果一样重视。这些人属于内在导向而且有逻辑性，重视事实、清晰及自己熟悉的事物。他们非常在意理性的逻辑和证据，就像侦探会说的台词："女士，请您只说事实！"

舞台型

舞台型的人要的是行动和方向。他们会希望你仔细倾听，而且一切都以完成任务为目标。这类型的人希望凡事精确、切中要点,对他们说话不要拐弯抹角。他们自信且超然,重视简洁、明晰和充分辩论。他们喜欢挑战、果断,在需要快速做决定时,他们会通过理性分析来决策。

演员型

演员型的人偏重人际导向,通过人与人之间的关系来看世界。他们敏锐且开放,会和人达成共识,做每一件事时都会考虑到别人。这样的同理心和对友谊的重视,会指引他们看重个人和工作。他们在做决定时会关照到各个方面,且做决定时以对人的影响为基础。他们充满想象力且心地善良,会努力达成人际和谐和共识。

跑马灯型

跑马灯型的人充满精力,而且以想法为导向,最重视创意思考和可能性。他们可以看见事物的全貌,喜欢冒险和灵感。他们很爱说话——请仔细听他们说话,也喜欢刺激和成为众人目光的焦点。他们喜欢大胆且无人尝试过的新领域。

这个方法不只适用于个人,也适用于整个组织,所以也很适合用来剖析一家公司。汉莎航空很明显就是一家剧本型的客户。因此我们必须用大量数据,展现我们的方法、流程、衡量标准等操作性的手段，证明我们能有效为他们的全球经营创造提案内容并广为散播。

我的绅士皮鞋

各位应该还记得之前提过我的"完美男人"阶段，其中最主要的成分就是我的绅士皮鞋。

我不太敢说，它们最终是否让我达到了自己想要的目的。那是纽约的一个夏天，我精神奕奕地从宾州车站走路到34街食品集团的办公室。我脚上的鞋子让我很不自在，我总是觉得自己脚太大了（我穿12号）。老实说，那双鞋子就像战舰一样——真的像有一条街那么长。虽然我对脚上的鞋子很不感冒，却也因为配备了所谓商场精英人士的行头，而能展现出我的抱负。

直到我走到第二大道。街角有个人穿着牛仔裤和连帽衫，面前摆了张小桌子。他在卖袜子，更准确地说，是在卖上端有红蓝条纹的长运动袜。他叫卖着："长筒袜，长筒袜，来买长筒袜！一双2美元！"就在那时候，他往下看了我脚上巨大无比的绅士鞋说："你也可以买一双给你那两条大狗穿！"那天晚上，我脱下了我的绅士皮鞋，放进柜子里。至今，它们还留在那里。

☼ 好故事的套路

找出你的核心、公司的核心，以及你的争取对象的核心，是类似挖矿的动作，必须深刻挖掘，找到真正的自我独特核心。这个过程是在认可、接受并庆祝你的独特天赋。在此你会注意到，人是情感的动物。下列 4 个方法，有助于你——包括你自己和公司——找到自己的核心。

1. 联想法

联想法是用字词和形象激发出能够代表你的真正特质。这种技巧非常有帮助，因为它是用可识别的象征去整理和找到最能形容你的特质。联想法也是一个窗口，让你了解其他人如何观察你和你的公司。这里所说的他人，是指你相当熟识的人，我称他们为你的"董事会"。这些人是你粉丝俱乐部的成员，喜欢你，相信你，而且非常了解你。他们可能是你私下或工作上的朋友，不是你公司真正的董事，会无条件地喜爱你。而且他们会坦白说出你是什么样的人，不是什么样的人。在和高层主管做这项练习时，我会要他们去请教自己亲近的人，请亲友用一封电子邮件的篇幅，描述他们的关键优势、特质和能力，之后再和他们面对面交谈。练习结果总是非常清晰且具启发性，往往都能让他们建立起自信。从下列举两种很棒的方法，可以帮助你描写出核心。

核心问卷

这几个简单而深入的问题可以帮助你确定自我。这些问题都是描述性的，请在这些特质当中，选出最能凸显出你的一项。这并不表示你没有其他特质，你当然一定还有其他特质，这只是要找出最能定义你（和你组织）的那一项。

我很独特，因为我＿＿＿＿＿＿＿＿＿＿＿＿＿＿＿。

大家认为我＿＿＿＿＿＿＿＿＿＿＿＿＿＿＿＿＿。

我擅长＿＿＿＿＿＿＿＿＿＿＿＿＿＿＿＿＿＿＿。

我和别人不同，因为我＿＿＿＿＿＿＿＿＿＿＿＿。

大家会把我和＿＿＿＿＿＿＿＿＿＿＿联想在一起。

我的特别之处在于＿＿＿＿＿＿＿＿＿＿＿＿＿＿。

筛选核心词句

有时候，回答这些问题可能会像没有灵感的作家，盯着纸张发呆。以下练习可以带给你一些刺激。我使用的是我们多年来发展品牌的绝佳技巧，从事先挑选出来的字词中，选出哪4个最能形容你和你公司的核心。这过程其实很有趣,也是很好的团队建立练习。但在一群人一起做时,要特别注意到,找出核心是一种决定的过程,而不是妥协和共识的结果。

聪明	有创意	透明	多元化
不敬	安全	创业家精神	目标导向
优雅	先驱	冒风险	实际
挑战者	活动者	探险者	发动者
解决问题者	连接者	建构者	

我有位客户为他公司做了这个练习,请教了他的董事、客户、同业和友人,得到的结果如下:

| 聪明 | 杰出 | 有智慧 | 有影响力 |

这几项特质,让他们发挥了自己的核心及独特之处,启发了公司的拓展方向。他们的核心真诚反映在市场表现上,也让他们和客户及争取对象建立起连接。管理层和员工都认同这些核心,并且坚定地相信之。他们能在业界超越许多竞争对手,也绝非偶然。

2. 投射法

万事达卡的比稿,是我参加过历时最长,也最困难的一次。

困难来自产品的本质：小小一张印着商标的塑料卡片。这次比稿很单纯：完全是同质性很高的一次比稿（维萨卡和万事达卡在功能上没有任何不同），不论在产品特性还是营销优势方面，都没有什么外部问题。我们必须找到万事达卡品牌所代表的核心和精髓，并加以应用。但是花了很长的时间不断努力，却依然苦无成果。我们试过所有可能方法，从比喻到迷思，最后总是无功而返。在我们努力的同时，我们都清楚意识到，每次失败的尝试，都表示我们离比稿的提案日愈来愈近，却拿不出什么好的创意。

我们的策略团队尝试了几十种方法，最后决定采用投射法，看会不会有不同结果。投射法是一种心理学的描述测试，用一系列不同的刺激找出和背后情绪的连接。其中最有名的就是罗夏墨迹测验（Rorschach inkblot test），让受测者看一些抽象的图像，然后记下他们的感觉和联想。

我们团队准备了一系列照片，大概有50张之多。照片内容非常多样化，从鲨鱼到婴儿什么都有，希望能激发最多种感觉，最终帮助消费者做出选择，而我们也能借此获得一些洞察和方向。我们调查了很多组消费者，在照片中选出10张最能代表万事达卡核心DNA的图像，以及最能代表其竞争对手维萨卡和美国运通卡的图像。然后再请他们在10张当中，选出1张最具品牌代表性的。

结果出来那天，我们都在焦虑地等待，希望能给我们一些突破，让我们知道什么样的方向才能创造出能赢得比稿的内容。首先是代表美国运通卡的照片：一位穿着得体的商业人士，正要登上一架喷气式飞机。维萨卡是一个有吸引力的年轻都会人士，在滑雪度假小屋和其他人共饮、交际。而万事达卡则是……鼓声响起……一栋郊区的小房子，阳台亮着灯。

看了心都往下沉。这样无趣的连接，要怎么做出好广告？再过几周就要提案了，却没有任何突破。我们的策略团队开始深入挖掘，试着了解消费者为什么会选出这个小房子作为万事达卡的连接。

他们发现，消费者选择阳台上亮着灯，是因为万事达卡是个和日常生活有关的品牌，而不代表搭乘喷气式飞机或喝着马爹利的都会人士。在他们眼中，万事达卡更真诚、更脚踏实地，代表每天的生活。这就是我们的核心！但要怎样才能加以运用？

我们团队观察到，民众的价值观已经从20世纪80年代的高速发展演进到现在重视真诚、实质性且内在导向。乍看之下可能无聊又平凡，但像这样简单的小房子，其实是充满活力的有力突破。万事达卡代表的是真诚的好人，为了很好的理由购买好的东西。"无价时刻"的广告创意就此形成，这支广告后来改变了每个人的生活，在全世界数十个国家播放超过10年。

下面介绍两种可用的技巧。

筛选核心图片

大家常说，一张图片胜过千言万语，这是真的。利用影像帮助你找到核心，不只是个有趣的过程，也非常有效。你通常会本能地选出一张图片，然后从中找出一些意义。这就是为什么心理医生经常用这个方法！你可以自己试着做：随机买一些杂志，包罗流行、生活等各个领域、各种主题，要尽可能多样化。然后翻阅这些杂志，当出现吸引你的图片时，就把它撕下来。找出十张可以反映你的图片，再从中找出最接近你核心的三张。最后，选出最能反映你的一张，并写下这张图中最能代表你的特质，这就是你的核心元素。

筛选核心名人

另一种投射法是，用大家都认识的名人，这也能帮你找到一些看法，因为名人都具备我们能联想到的核心特质。你选择的人物可能包括：

第四章　你的核心

理查德·布兰森

约翰·列侬

凯瑟琳·赫本

罗伯特·德尼罗

乔纳斯·索克尔

约翰·肯尼迪

爱因斯坦

Lady Gaga

哈里森·福特

摩根·弗里曼

约翰·韦恩

汤姆·汉克斯

金·哈克曼

雪莉·麦克兰

哈莉·贝瑞

乔治·巴顿

从这些人当中，选出最能代表你个性、最像你的。让你的本能挑选出十位名人，再针对每一位写出你联想到的特质，至少三项。将这些特质和你筛选核心词句找出的十个词汇总，从中选出三个，最后选出一个。

3. 脚印法

　　脚印法是一种很棒的工具，结合了前面谈过的几种元素，形成一家公司、品牌或个人的深刻印记。这项工具来自一位很聪明的同事，麦肯广告首席战略官艾瑞克·艾恩宏。艾恩宏是很有才华且充满远见的战略专家，是万事达卡团队中的重要一员。他是个杰出的思考者，他的方法是要回答两大问题："你是什么？""你代表了什么意义？"借此定义品牌、公司，还有一个人的核心。这会促使人选出哪些词最能形容你、最能让人联想到你，然后为每一个词找出三大特质。真的很棒。

　　这方法的好处在于，能找到更广泛的定义，又不会失去最重要的精髓和决策依据。艾恩宏的努力，打开了万事达卡的思考，让我们找到其谦逊但深刻的力量。想了解其力量，必须先了解其精髓。我们的提案如下：

万事达卡的脚印

　　代表了　每一天

　　代表了　平凡的生活

　　代表了　通用的卡片

是　谦逊的

是　不做作的

是　实际的

除此之外，脚印还可以表示象征性，也就是可以是什么：

万事达卡的象征性脚印

象征了　每件重要的事物

象征了　真正的生活

象征了　最好的支付方式

是　有目的性的

是　真诚的

是　有资源的

你可以将你的词句筛选练习用这样的练习方式，用另外一个层次来搜寻你的核心。谢谢艾瑞克！

4. 剖析法

I love you，Ich liebe dich，Je t'aime。这些不同语言，都是在表达同样的感情。剖析法让你可以不论对谁要求，对方都能确实理解并赞美。这并不是要你改变自己或调整信念，而要让你用对方最欣赏的方式去表达你的要求。这是以人与人之间的敏感度为基础。我们参加万豪酒店的比稿经验，就是很好的例子。

不论是当年在新泽西的万豪空厨（Marriott In-Flite）努力洗碗盘，还是后来在万豪酒店博西斯达总部附近的酒店进行比稿排演，我都无法消除心中的紧张。每次比稿我们都会进行排练，然后睡个好觉。但那晚即使已经复习了所有内容，却还得奋斗一整晚。

有个男士抱着一个漂亮的小婴儿，将头探进我们会议室，他笑容灿烂地对我们说："欢迎你们到博西斯达，希望你们一切都很顺利。"他是乔·欧康（Joe Okon），善良体贴的万豪酒店营销主管。他专程来看我们是否顺利，让我们很惊喜。彼此问候之后，他让我们继续排练，并祝我们明天早上的提案顺利。我们一致认为他真的非常友善，而在和他聊天之后，我们的创意总监妮娜大叫："对，他真的非常商标！"商标？

在麦肯早期，广告业最伟大的领导者吉姆·希金（Jim Heekin）组成了一个很有才华的多元化团队。这个团队与旧的麦肯不同，其多元化的特质让他们非常具吸引力。我的新业务开发伙伴亚特舒勒提出一个想法，要让我们能更敏锐地察觉其他人的特质，但更重要的是，要让我们能有效了解争取对象的个性。别忘了，我们从来不会对亚特舒勒说不。

为此，她安排了一次特别的会议，请来了亲切伟大的斯图尔特·桑德斯（Stuart Sanders）。他是桑德斯顾问公司（Sanders Consulting）的创办人，发展出一套简单的系统，用平面广告所熟悉的元素，清楚标示出每一种不同的人格特质。这对广告公司的人非常有用，包括标题、内文、插画，还有……没错，就是"商标"。

桑德斯在这群桀骜不驯的人面前主持会议，让我们充满热情地发现这个绝佳新工具。我们就像小学生一般，说出我们的回应，并描写不同的档案（我被认定是非常标准的"商标"人。）这让我们有一个工具，可以深入挖掘并找到万豪酒店的核心。

见识了剖析法的力量之后，我这几年来接触了各式各样的剖析法。我发现了戴维·克尔西（David Keirsey）在《请了解我》（*Please Understand Me*）里说的"四类气质"：工匠、守护者、完美主义者和理性主义者。还发现了许多有专利权的人格特质剖析工具，像最常用的MBTI，是利用荣格心理类型去了解并解读人格特质的。我们公司用的是DISC，是20世纪20年代由马尔斯登博士（Dr. William Moulton Marsden）发展出来的人格特质剖析工具，以行为模块为基础。

要将这方法应用到你的公司,就需要检视组织的基本优势。麦肯在剖析了我们自己之后,找到了长远的竞争力和战斗力。这股力量就是,麦肯为了客户而不断努力追求的高效文化。我们争取万事达卡的业务,同样运用了这项元素。

下一个练习……

许多人都是以个人的信念体系,来主导自己的一言一行。他们会通过这样的全面价值观,来看这个世界,和他人产生连接,更重要的是,依此做出决定。

别忘了!

你的核心就是你最重要的本质,也就是你这个人独具的能力。这是上天赋予你的与众不同的天赋。要对个人或公司要求,必须能反映出你真正的关键独特资产,才具备可信度。你的核心是你能够创造价值的动力,也会让你的跟随者对你信服。这个核心只会来自你的内在,别无他处。

第五章

信念

❖ 练习重点

所谓的信念，就是"我所相信的"。任何提案都有一个主要元素，是参与的个人或公司所遵循的真诚信念。信念和价值观相连接，因为那是你和争取对象共有的价值体系。因为你最了解公司的基本信念体系和指导原则，他们才会跟随你的脚步。

大学时代我急需赚钱付学费，所以在万豪空厨找到工作，那是万豪国际集团为航空公司提供餐饮服务的部门。刚开始，我在离家45分钟的纽约肯尼迪机场（JFK Airport）工作，我不敢相信自己竟能如此好运。第一个月的工作是拖地板，然后有天突然被叫去装货，那里有一辆闪亮苹果红的福特货车。领班告诉我："这是你的车，以后你就在外场工作。"一想到可以在飞机忙碌起降的机场开着车跑来跑去，我就感到无比兴奋。接着他具体告诉我要做哪些工作。他带我到车子后面，打开门，我看到六大箱卫生纸。"你的工作是把这些卫生纸送到飞机上，747 要送 17 卷，DC-8-63 要送 11 卷，快去吧。"机场的层级非常明显，最高层的是机师，之下有各式各样的层级。不用说，我当然是最低层的。当装满卫生纸的大红色货车开到每架飞机前，他们都会大叫："卫生纸人来了。"我升的官还真是了不起。

从卫生纸人到空厨副理

我每年夏天和周末都在万豪集团工作，直到我大学毕业。毕业后，我不知要做什么工作，所以接受了一个职位，担任万豪酒店最大空厨的排班主管。我从卫生纸人升到纽约肯尼迪国际机场 139 号楼万豪空厨光鲜亮丽的副理。我负责夜班，在二楼的小派遣室办公。办公室有和前门相通的对讲机，还有装在墙上的小货车后视镜，可以让我们看到入口大门，视线不太清楚，但足够了。我和另外一位很友善、充满精力的人轮班，他很爱恶作剧。有天晚上，他又跟我说了他的丰富经历。

第五章　信念

有天晚上11点15分左右，他一个人在派遣室值班，警卫门铃突然响了起来，打破夜晚的宁静。他按了对讲机说："哪位？"路上有几位穿着大衣的男人，他看不太清楚。对方通过对讲机说："我是比尔·马里奥特（J. W. Bill Marriott Jr.，万豪集团创办人之子）。"他原先以为有人想闯入闹事，后来一想，回答道："是吗，那我是迪克·崔西（Dick Tracy，美国20世纪30年代侦探漫画主角），快滚吧！"在那之后，我听说马里奥特先生那天晚上确实在那附近。众所皆知，他会突击访查。我立刻想到，天啊！他真的把马里奥特先生赶走了吗？他真的来了吗？那个人真的是他吗？他真的叫他滚蛋吗？我们永远都不会知道事情的真相。

后来我知道，马里奥特先生确实会到工作地点访查，我对他的到访和他说的话很感兴趣。就我所知，他说话风格很轻松，不会先打好草稿，对话相当友善亲切。他会告诉现场员工，他们是这个大家庭的一分子，每个人都在客户服务当中扮演着虽小但特别重要的角色。他告诉大家，他抱持的信念，从他父亲威拉德·马里奥特开始就坚信不疑。他认为万豪集团的第一要务是要善待其员工："只要照顾好你的员工，他们就会照顾好你的顾客。"

这位了不起的人物在对我同事讲话时，我却在值夜班，让我很失望。但我得到了一份安慰奖：由他父亲，也就是集团创办人所写的《万豪》(Marriott)。我在安静的派遣办公室里一页页细读这本书，了解这位打造这个出色集团的伟大人物简单而深刻的智慧和价值观。他提到很多做人处事的道理，我从小就从伟大的母亲那里学到：努力工作、待人友善和慷慨。

我了解到，这些道理不只珍贵，更是在商场上成功的要诀。当我孤单在办公室值班时，我感觉到自己所扮演的重要角色，了解到自己是什么样的人，更认知到自己的信念，确实可以是成功的条件。比尔·马里奥特和他父亲一样，也相信服务业是一项伟大高尚的职业。不论我们做什么工作，都不是在当奴仆，而是在为顾客营造快乐愉悦的体验。比尔·马里奥特用他一贯体贴的方式，和我们分享他个人和万豪酒店的重要信念。

共同信念赢得比稿门票

15年后，我达到了人生最高成就，从小广告公司一路向上爬，成为全球最大广告公司麦肯国际的客户总监。这家大公司在20世纪90年代初，丢掉了可口可乐这个客户，重重摔了一跤。公司新团队要努力扭转这个局面，我就是其中一员。我们清楚知道，要找到不同类型的新客户，才能让麦肯重新站

第五章　信念

起来。有个周一早上，我翻阅着《广告年代》，上面的标题突然跳到眼前："万豪集团寻找广告公司。"我不敢相信自己的眼睛。有没有可能，我第一份工作的公司，会成为帮助麦肯起死回生的公司？

参加万豪比稿的第一步是，要让对方感兴趣：我得想办法取得门票。首先，要接近营销总监几乎是不可能的任务，所以我就从他的秘书下手。我并没有写满三大张纸，说麦肯有多棒多好，而是从万豪集团和麦肯的共同信念出发。我回想起自己在机场小派遣室的安静夜晚，以及《万豪》带给我如此多的启发。

我写了短短一页的信，介绍自己曾是万豪集团员工，现在于麦肯广告服务。我坚定表示，麦肯跟万豪集团很像，同时提醒对方，威拉德·马里奥特先生常说："我收到很多顾客的来信，他们不会说我们的宴会厅有多棒，而会说我们的人有多棒。如果你对自己的工作感兴趣，就能成就人和事。"他的核心信念就是："我们公司之所以成立，是为了提供人们优良服务这个美好目标。"我告诉对方，我们两家公司理念多么相符，因为麦肯的成员也在实践着相同的信念。

几天后，我接到一位女士的电话，她兴奋地说："我收到你的信了，你引用了马里奥特先生的话！"我们聊得很愉快，她清楚告诉我，她会将我的信放在营销总监那堆信件的最上面。

又过了几天，我们确定可以参加比稿。信件里的内容说得很明确，在麦肯的我们，是一群狂热的人，都有抱负，想让麦肯广告东山再起。我们也相信，最重要的不在我们自己，而在于为客户营造绝佳体验。

共同的核心，成为制胜关键

我们听了客户的简报，那是一次很符合万豪文化的愉悦经验，我们花了很多时间讨论酒店业的改变。看来酒店业似乎过度发展，万豪集团面临着各方面的挑战，特别是有着时髦中庭的凯悦集团（Hyatt），以及锁定高端市场的威斯汀（Westin）。万豪酒店必须持续进化，并让大家知道，他们也和新进者一样现代，一样具有吸引力。我在这个新发展过程中，看到他们面临的两难困境：一方面必须拥抱新的发展，应对新对手的"性感"语调和要求；一方面还要保有万豪的品牌，以及品牌所代表的一切。

隐藏诉求

我们深知酒店业不断创新的重要性，但不想在创新的过程中牺牲我们的价值。

第五章　信念

　　我们知道万豪对员工的重视，从这里出发应该很顺理成章。为了展开万豪帝国的旅程，我们一对一接触了酒店各个部门中各阶层的人员，再以分析结果建立了"酒店住宿剖析"。分析结果相当精彩，例如，每一位旅行者面临巨大压力的一刻，就是在登记住宿的时候。因为在柜台人员确定他们的订房之前，他们有一段时间是"无家可归"的。但其中最独特的是，万豪的人员态度都一致细心和友善，可以清楚看出，他们相当关心旅客的住宿质量。这些对我而言并不意外。

　　有人在访谈中提到，如果服务人员对你的态度不好，大厅再豪华都没有用。显然，旅客最重视的还是接受服务时的感受。经过彻底分析，并沉浸在万豪的价值观之后，我们将所有的想法，精炼成万豪的品牌精髓：

　　我们相信，不论酒店业的潮流为何，不论我们如何进化，我们的核心文化依然植根于荣耀和高尚的服务精神。

　　有一个简单的词，可以用来说明万豪品牌所代表的一切，说明他们的信念，也代表我们所参加的比稿提案。我们也很惊喜地发现，这些都来自一个叫约翰·科特曼（John Kottman）的年轻人，他跑遍全美各地，寻找万豪酒店真正的精髓。这个陈述代表了一种道德标准、行为和信念，指引了万豪集团的发展，也是他们对员工和他们顾客的承诺。这个词就是"服务精神"。

服务精神这个想法，是我们年轻的策略员所提出的，也是我们对万豪的最终提案。几天之后，也就是我在万豪空厨拖地的 15 年之后，麦肯赢得了万豪国际集团这个客户。我们赢得万豪的青睐，是因为我们彼此间形成了连接，因为麦肯和他们同样相信，万豪最重要的资产并不是建筑物本身，而是人和他们的态度。我们确信，麦肯也和万豪集团一样，核心也在于人。就像我们的策略员科特曼那样，心地善良，愿意付出。在我们心目中，他们是最棒的合伙人。

大约 4 年之后，比尔·马里奥特也跟随父亲的脚步，出版了一本书。他的成就，是将一些酒店产业和建筑物打造为世界上最成功、最令人兴奋的酒店连锁网络。他实现了万豪集团最重视的成就，这些都记录在这本书中。他在书中提到万豪的信念，也写出了他成就这家卓越企业的价值观。我第一次看到那本书的书名时，差点没昏过去，书名就叫《服务精神》(*The Spirit to Serve: The Marriott Way*)。

纽约市的新信念　再造山丘上的美好城市

信念（credo）一词源于拉丁文，直译就是"我相信"。信念是组织的文化基础和行为准则，这决定了谁会加入、如何领导，

第五章　信念

以及组织如何表现自我。如今决定一个品牌或公司的并不是他们自己说什么、卖什么，而是他们相信什么。他们的行动，处处反映了他们的信念。团体的角色日益重要，信念是将他们联系在一起的要素。信念的本质是部落性的，会将群体连接起来。这也就表示，要和他们产生连接，必须通过他们所相信的价值体系。

　　点燃、分享并和他们的价值观真诚相连，他们就会跟随。任何要求的核心元素，都是真诚相信并遵守个人和公司的信念。大家会起而跟随，因为他们相信你，相信你所代表的一切。阐明价值体系以赢得跟随者，必须让人知道你重视的是什么，并创造你和对方之间的共同连接。要求的成果及能否赢得跟随者，和你能否展现出信念息息相关。 朱利安尼的价值观是他当选纽约市长及成功改造纽约市的重要基石。朱利安尼的根本信念是："你必须有自己的信念！"如果不了解人们所相信的价值观，任何组织都不可能会成功。朱利安尼和他的团队就证实了这点，他们的信念力量无穷。还记得在他担任市长时，说过几段和信念有关的话。

　　问题是人造成的，所以人也能解决这些问题。
　　无法评估的东西，就无法实现。
　　这是可以做到的，而我们也会做到。

107

纽约再生的关键是，相信这个城市本身就代表一种理想，是一个"山丘上的美好城市"，吸引着寻找更好生活的人们。纽约的政府将纽约推广为无与伦比的多元之地，没有人优于其他人，每个人都有平等的发展机会，没有人比别人特别。它对特别利益和法律执行都相当强势，每个人都会受到平等的保护。就是如此。

强生 刻于花岗岩的坚定信念

我最喜欢的信念范例，可以在强生公司的文化和他们公司的大厅看到，那信念刻在强生公司总部的一块花岗岩上。

我们相信，我们最重要的责任，是对医生、护士和病人；对母亲、父亲和所有使用我们产品与服务的人们负责。为满足他们的所有需求，我们一切所为都必须达到高质量。我们要不断努力降低成本，维持合理的价格。

消费者的要求必须立刻确实处理，而供货商和经销商也要能获得合理利润。

我们要对在全球各地效力的所有员工负责，尊重每个人，尊重他们的自尊，认可他们的优点，让他们工作时有安全感。

员工待遇必须公平且足够，工作环境要整洁且安全。随时留意，帮助员工实践他们的家庭责任。

第五章　信念

员工必须能自由提出建议和抱怨。对于合乎资格的员工，必须给予工作、发展和提升的平等机会。

我们必须建立有能力的管理层，而他们的行动必须公正且符合道德标准。

我们要对所居住及工作的小区负责，也要对世界负责。我们要成为优良公民，做好事，支持慈善，缴纳应缴税赋。我们要鼓励公民运动，提升健康和教育。

对于我们有幸使用的土地，必须妥善管理，保护其环境和自然资源。

我们最终要为股东负责，让公司有良好获利。我们必须实验新想法，持续研究，创新发展，并从失败中学习。

我们必须购买新设备和设施，开发新产品，为逆境做好准备。根据这些原则运作，股东才能有良好获利。

这些文字是由强生创办人所写下，这绝对不是陈词滥调。这家公司的人们拥抱人道主义、公平的价值观及清楚描述的道德观，已有一百多年。在麦肯参与一次强生新产品比稿时，这些价值也扮演了重要角色。

不是卖止痛药，是在提升生活

强生有个部门一直在开发一种突破性产品，为有慢性疼痛问题的患者所设计，如偏头痛和严重背痛等。对这类患者而言，该产品简直就是奇迹。麦肯收到了简单明了的简报，我们看过之后却不知道如何进行。后来我们团队里有人注意到，强生会来听取我们提案、真正做决定的人，其实是医生。

显然这些医生会负责这项产品的营销，这让我们了解到，要让这个药品成功，重点不只在营销。医生曾以"希波克拉底誓词"（The Hippocratic Oath）宣誓，这是医生从业前所做的医疗道德宣誓。虽然也参与营销，但他们的工作仍是让人保持健康。长期疼痛的患者，从没想象过可以见到这类产品的诞生。

隐藏诉求

我们重视自己的宣誓，这不是营销行为，而是要踏上一段旅程，让以为自身疼痛无法减轻的人，可以有所不同。

这个隐藏诉求，大大影响了我们的比稿团队，也为比稿内容定下基调。我们选择的传播者是以医疗背景为主，更重要的是，我们找到好几个人，他们自己或所爱的人也遇到类似疼痛问题。我们团队中就有一个人长期偏头痛，他和我们分享了这种困扰对患者生活造成的困难，他们会觉得自己孤独挣扎，其他没有这种问题的人完全无法了解他们的痛苦。

第五章　信念

　　同事的故事引发我们去访谈这些人。我们找到多位有长期疼痛问题的患者，进行一对一深度访谈。这些人来自全美各地，疼痛问题也各不相同，每个人都谈到自己的生活，以及如何处理永无止境的疼痛，我们听了都很心疼。访谈内容成为我们提案的基础，也成为我们的策略架构，最后更成为我们比稿内容的核心。

　　比稿那天，客户整齐地坐在会议室里，我们在6个画架上放着这些受访者的特写照片。同事开始主持："在介绍我们自己之前，为了我们今天在此的使命，我想先向各位介绍各位眼前这6个人。首先是玛利亚·冈多拉斯，是位偏头痛患者。她的偏头痛严重到，每个月会有一次把自己关在黑暗房间里，逃避疼痛。她的孩子不懂，还以为妈妈不爱他们了（此处引用受访者的原话）。"

　　这位充满热忱的主持人在会议室不停走动，接着介绍了另外5位接受访谈的长期疼痛患者。主持人最后以一个简单陈述做总结："这次提案，不只在于营销，更重要的是能和你们共事，一起让这些人的生活变得更好。"我们后来赢得了这个客户，当问他们为什么我们会赢时，他们说："因为你们真的了解我们。"

　　感性和精神连接，与信念体系密切相关，长久以来一直是团结人群的要素。早期的部落会发展出他们深信的价值体系，并借由口语代代相传,将价值观形成传统。在世界上许多地方,这些价值观仍然通过歌曲和诗句持续传颂数个世代。家族会将其信念的各项要素,刻画在家徽上,代表他们独特的价值信仰。之后,人类以实体的疆界和国界来界定社群,并进化成国家,同时用国旗来象征他们的集体信念。

这些部落至今仍然存在,而且更大、更深刻。当今数字科技的发展,使各个社群和平台都没有了国界,许多由个人形成的群体都是因共同的价值体系或信念连接在一起的。这让我们的世界运转,其重要性前所未有。因此一直以来,有效争取的核心,就是要对你的群体,清楚表达你的信仰和理念。简单有力的陈述会是很好的办法。

我的家族信念　考验能否再站起来

我11岁时,外公和我们住在一起,从那时起,他一直是我最崇拜的偶像。我当时不知道,这位平易近人的机智长者,被诊断患有喉癌,只剩下一年寿命。我们为他盖了一个小房间,里面堆满他的工艺品,有深色的木制家具、一张大扶手椅,以及排满整面墙的书。外公比尔·沃伦是不动产经纪人,但他从没想过要入这行。

外公17岁时就在马萨诸塞州春田市给电线杆刷油漆。有

第五章　信念

天下午，正当他开始准备涂油漆时，他碰触到一条某个笨蛋忘了断电的电线。他触电摔到地上，严重烧伤。他虽奇迹般复原，但只剩下一只手，走路也从此一跛一跛。我们小时候一再问他，走路为什么会那样，他为了逗我们笑，总会说："哦，因为我就是失去平衡了。"

每天晚上，我们都会一起坐在扶手椅上，看诸如20世纪80年代著名警匪片《铁面无私》(The Untouchables) 或外公的藏书，每次都会回到我们最喜欢的《101首著名诗选》(One Hundred and One Famous Poems)。为了让我开心，他会读"金汉狗和卡力可猫"(The Gingham Dog and the Calico Cat) 给我听，或读"绿林奇杰"(The Highway-man) 来吓我。最后，我们总会读最喜欢的，他所谓的"战斗呼喊"。

打不倒的勇者

夜幕低垂将我笼罩，两极犹如漆黑地窖，
我感谢未知的上帝，赋予我不败的心灵。
即使环境险恶危急，我不会退缩或哭嚎，
立于时机的胁迫下，血流满面我不屈服。
超越这般悲愤交集，恐怖阴霾独步逼近，
岁月威胁挥之不去，我终究会无所畏惧。

纵然通道多么险狭，尽管严惩绵延不尽，

我是我命运的主人，我是我心灵的统帅。

——威廉·恩尼斯·亨利（William Earnest Henley）

他很早就教导我，信念和声誉是人最重要的财产："凯文，当你相信一件事到一个程度，你就会让它实现。但在过程中，你会遭遇失败，而且会经常遇到。但这并不是考验你的力量，而是考验你能否再站起来。"在我充满挫折的青春年代，在一家又一家公司奋斗，努力打造自己在广告业的生涯，他这番话一直给我指引到今天。在你的要求之中，没什么比建立你的信念更重要，更能引起共鸣，更能和动机与可信度连接。因为，卫生纸人也是这么说的。

☼ 好故事的套路

我们来写下一个信念，这个练习和之前选择核心类似，但这次的内容比较感性，而不是较偏功能性的核心。

1. 联想法

这个找出信念的方法，经常用于品牌的营销，类似前述找出核心的架构。每一项练习，目的都在帮助你找出你的信念。

信念问卷

第一步要先内省，探索自己的心灵。一切都必须发自内心，记下你浮现的第一个想法，不论内容如何。这可能是你有强烈感受的事物或一直在做的事。

我重视什么样的生活方式？

我重视什么样的工作方式（以及为什么样的组织工作）？

回答这些问题之后，先搁置一旁一两天。之后再看一次这些答案，并问自己以下几个问题：

我为什么选这些价值观？这些对我有什么特殊意义？

它们如何指导我的行为？

如果我要开创新事业，会不会以这些价值观为基础？

在一百年之后，即使世界改变了，我还会捍卫这些价值观吗？

即使这么做会赔钱，我还是会坚持这些价值观吗？

我是否认为，自己不想和核心价值观不同的人共事？

筛选信念

运用之前筛选核心字词的方法。我在这个练习中列出一长串价值观清单。和之前的做法一样，选出十个最接近你信念的词，然后再选出三个，最后从中挑出一个。以下举例说明：

乐观	勇往直前	耐心	自我
要求高	准确	有爱心	好奇
值得信任	自动自发	坚持	反常的
诚实	纯粹	有动力	优雅
有智慧			

还记不记得前面说过你的"董事会"？请教他们如何看待你的价值观，更重要的是，请他们告诉你，你每天如何实现这些价值观。请他们列出你的价值观，以及你如何展现和实践他们选出来的价值观。你找出来的结果会让你自己感到惊讶。将

回答搜集起来,并将各个价值观分别写在一张卡片上,然后根据你所相信的核心加以排序。下列是我自己的价值观:

慷慨　　　　　乐观主义　　　　　坚持

2. 投射法

和我们找出核心的方法相同,你可以用图片或者名人来筛选你的信念,但这次考虑到不是特质,而是价值观。为了有些变化,以下我提供另一个我称为"商标筛选"的方法。商标是很有力的象征,是包含丰富意义的载体。先从一系列的商标开始,和之前一样,选出其中一些价值体系和你比较接近的。然后做同样的练习,从当中选出十个,再从中选出三个,最终选出一个。在你选出来之后,将和这些商标相关的价值观写下来。这会形成你的价值体系或信念。

下列是一些公司非常著名的商标的例子:

迪士尼	蒂芙尼	国际特赦组织	美国运通卡
哈雷摩托	花花公子	MTV	万事达卡
微软	苹果	奔驰	耐克
劳斯莱斯	红十字会	绿色和平组织	强生

写下你的信念

受到强生刻在花岗岩上的信念启发之后——你不需要在家的前厅放一块花岗岩,写下一个能够表达你信念的简单陈述。可以用这些词开始:"我相信……"或"我们(或你的公司名称)相信……"

第五章　信念

下一个练习……

通过隐藏诉求将你和对方相结合，表示你们之间建立了一种连接。有一种连接，建立于信念或你们共同相信的事。另一种就是你们共同拥有的抱负。

别忘了！

你的信念，就是你要求的核心。任何要求的核心元素，都包括你个人或公司真诚相信并奉行的信念。他人之所以会跟随你，是因为你所相信和代表的价值。厘清你的信念体系并吸引他人跟随，要靠你清楚表达自己的价值观，并和对方建立起连接。要有效赢得跟随者，就必须清楚表达有力的信念。

第六章

抱负

❀ **练习重点**

抱负，是人想创造前所未有美好事物的心。这是你和你公司存在价值的明证，是他人愿意跟随你的关键。抱负和希望相连接，因为那是你和客户对未来的共同愿景。客户因为看到自己的抱负有机会实现，才会跟随你。

我成长于一个叫巴比伦的小镇，位于离纽约曼哈顿80公里外的纽约州长岛。我们全家人每周日都会搭上那辆1953年的别克88（没有倒车挡的黑色巨兽），做大家在那天都会做的事——到爷爷奶奶家共进周末晚餐。我们会最早到，有时在抵达不久之后，就会听到有人很大声地甩门，那是布鲁克林来的第一位成员，她满头吓人的乱发，嘴上涂着一抹口红，大喊：

"哈——啰——！"

她是法兰西丝姑姑。她会冲进门里，绊一下门槛，直接摔倒在门厅。当全家人冲到她身边扶她，她就会说："天啊，我真是什么都不会！"我记得这每周日都会发生，我还可以说一大堆她在周日会做的滑稽事，不过各位大概可以想象，每次法兰西丝姑姑入场都如此戏剧性。

在这些事发生的同时，我都会粘在一张小金属桌前的小凳子上，在爷爷最自豪和喜爱的真力时真空管收音机（Zenith Trans-Oceanic）前面。那是奶奶在1938年买给他的圣诞节礼物。我当时9岁，头上戴着贝克来耳机（Bakelite），小心翼翼转着旋钮，收听全世界各种语言的广播，有些语言我从没听过，更别说听懂了。

在那几个小时里，我会神游到许多不可思议的地方。某个周日，我和以往一样转着旋钮，听到收音机中传来："这里是BBC国际广播，接下来请收听《勃拉姆斯：D小调第一号钢琴协奏曲》。"我兴奋极了。这些人是谁？他们在哪里？他们说话的声音这么好听，说话并不大声，抑扬顿挫如此清晰，怎么会有人听这么美的音乐？就是从那时候起，我成了"渴望成长者"部落的成员。

第六章　抱负

抱负　追求的动力

当时我才9岁，就很清楚自己有一天会离开巴比伦，在BBC国际广播那些人的世界中做些不一样的事，说话也要那么好听。我后来才知道，原来BBC不是一个地方的名字，而是一家位于伦敦的广播电台。多年后，我身在BBC广播公司所在的城市，实现了我的抱负。

不论好坏，抱负是一种很强的欲望。亚历山大大帝有他的企图心，米开朗基罗也有他的志向。两种不同的抱负，得出两种不同的结果：征服、创造。我很好奇，谁的成就能长久持续？抱负这个词意味着让一件事有所进展，并从中获得成就感。抱负是人想创造前所未有美好事物的心，这是你和你公司存在价值的明证，是他人愿意跟随你的关键。如果称之为"梦想"会更好吗？我认为不会。梦想是一种希望，那是你在睡眠，或上几何学时做白日梦的想法。抱负是你自己想要成长的热切渴望，渴望从现有的境界更上一层楼。抱负让你想提升到更广、更全面、更具挑战性，且更高远的境界。我相信，这会让你在个人和专业领域都更有成就感。

梦想是想法，抱负是行动。抱负非常清楚、专注、可见且荣耀，是你行为的动力，更是你永无止境的追求。它会让渴望成长的人到达独特的境地。对任何要求来说，追求抱负会提供最重要的方向。这个目标乍看之下不可能实现，但通过与隐藏诉求的连接，你可以让众人相信，那是可以做到的。朱利安尼角逐纽约市长，希望创造一个更安全的城市，就清楚诠释了"抱负"。

朱利安尼对纽约市的愿景，不只是纽约原本所代表的意义，而是它能变成什么样的城市：安全的城市，能让人安全实现自己和家人的抱负。朱利安尼的抱负是"挑战不可能"，他不只要降低犯罪率，还要挑战当时大家认为不可能实现的定见。朱利安尼和团队看到，要将纽约变成更安全、更繁荣、更适合居住的城市，就要从一个假设出发："问题是人造成的，所以人也能解决这些问题。"他们用简单的人性化语言描绘出即将面对的"不可能的任务"，并将整个任务，具体为确实能够做到的印象。能够让人了解任务，使其进一步加以完成，就会给人带来自信。

纽约市的改造，牵涉的复杂性极高，但都是以简单的"抱负"为基础的。每一项策略，甚至每项计划和元素，都和一个目标相关：让这个城市更安全，使每个来追求梦想的人都能实现他们的梦想。每一位市政府员工，每一个从事相关工作的人，每一位警察，都相信自己的行动是为了配合朱利安尼提出的抱负。

第六章　抱负

黑部裔与南非航空　领导自己的命运

在我多年的比稿生涯中，有一次的过程非常特别，也是实现抱负的一个绝佳例子。这是一段特别的时间，一群很特别的人。

广告业是一个很独特的行业，基本上这个行业就是要你直接触及客户的希望。你的工作就是，将客户真正的欲望提炼出精髓，浓缩成 30 秒广告或 6 个词的标题。这过程就是在厘清你的比稿内容。曾经身为麦肯"广告狂人"的我，很高兴能参加许多非常特别的比稿，其中一次是和麦凯南非分公司的同事为南非航空提交创意提案。

当时，我任职麦肯广告欧洲分公司，接到狄马培·沙瑞亚尼的电话，他是新成立的麦凯南非分公司主要负责人。沙瑞亚尼非常杰出，成长于南非的索韦托，曾负责这个非白人区前所未有的选举登记活动，冒了很大的风险才成功。

沙瑞尼亚和另外两位杰出人士，彼得·伍德拉（Peter Vudla）和哈皮·耐辛吉拉（Happy Ntsingila），在该地共同成立了南非第一家黑人广告公司。他们将一般用来称呼年轻南非黑人的词 Herd 和白人称呼非洲黑人的 Bouy，组成公司名字黑部裔（Herdbouys）。耐辛吉拉回忆："伍德拉、沙瑞亚尼和我，自称黑部裔，也寓意着南非健康繁荣的未来，不只因为这个形象代表了目标受众，还因为那象征了伟大、谦逊，是国家整体未来的重要特质。"

黑部裔广告公司的成立，源于一个抱负：南非黑人可以主导自己国家的商业组织。对于伍德拉、沙瑞亚尼和耐辛吉拉来说，这个抱负就是创立一家公司，为他们的新国家树立典范。伍德拉说："黑部裔从一开始就不是一家广告公司，而是一种运动！我们不想再让成熟的广告公司沿用白人的创意，将黑人描绘成谄媚者、奴仆、园丁、加油工人，甚至是小丑的角色。我们认为，此时应该由我们自己来定义自己，反映黑人在正常社会里应有的形象。所以我们广告里的黑人角色，都是以有抱负的形象出现的。"

伍德拉、耐辛吉拉和沙瑞亚尼努力让公司快速成长，赢得南非酿酒（South African Breweries）、联合利华等大公司的业务，取得重大突破。他们让这个国家看到，聪明的黑人人才也能打败竞争对手，做出更好的广告。麦肯看到这样的发展，找上他们位于约翰内斯堡的办公室。这间办公室带着殖民时代风格，反映了他们在市场上的地位。这家从乡镇地区起家的广告公司，前所未有地进行了反向购并，取得麦凯南非很大部分的资产和经营权。各位可以想象，当黑部裔广告的人员走进当地麦肯的办公室，接管麦肯管理层时，大家脸上的表情。那真是个无价的时刻！

第六章　抱负

合并后，公司重新命名为黑部裔麦肯（HerdBouys McCann），反映公司和国家的新方向。我在公司开业后亲自去拜访，亲眼见证公司将面临的巨大文化挑战。麦肯原先位于四平八稳的英式殖民式建筑内，公司里全部是白人。现在这家公司要进行前所未有的实验，隐身在传统地区，四周充满色彩丰富、激发灵感的艺术品，且墙上的画都是新南非意象。经过重整之后，有些客户和人事稍做调整，但主要核心还是不变，特别是跨越了种族界线的这群充满抱负的人。

接着，大客户来了，是南非的国家航空公司——南非航空。南非航空宣布要重新选择广告公司，而我们是获邀比稿的四家广告公司之一。沙瑞尼亚问我能否到约翰内斯堡帮他们看看广告创意，指导他们的提案。我在周五从伦敦飞到约翰内斯堡，周六早上和他们见面。耐辛吉拉领导的团队，还有他挡不住的乐观和幽默感，都令我印象深刻。团队成员包括西沙克莉·匡恩和创意总监约翰·斯麦德（John Smeddle），他们花了好几周努力构思提案内容，想出了一个全面且详细的广告创意。他们做的东西正确又扎实，但还需要一些有力的元素，更清楚阐明他们和南非航空共同的抱负。除了有话直说，我不知道还有什么更好的方法，我说："各位，这些内容都很正确，也很完整，但还需要一些内心的东西，我们必须让客户因为我们的抱负而感动。"

沙瑞尼亚和耐辛吉拉开始主持会议，对大家说明南非航空的意义，也说明他们在非白人区举办选举登记时，希望国家变成什么样子。在场所有人都深受感动，我问匡恩："南非航空对你有什么意义？"她想了一会儿说："我们所有的希望。"我回答："那就对了，提案就是要说这个！"我请他们将原先想好的内容放在一边，另外构思一个总结，描述南非航空对他们及这个国家的意义。

隐藏诉求

全世界都在看着我们，我们要证明自己做的是对的。

我们在周日，也就是正式提案前 24 小时，又开了一次会。大家在周日晚上回到会议室，表情都很紧张。匡恩和斯麦德开始主持："我们要做的，是每一个家庭为亲友感到骄傲时都会做的事情。给大家看一本相册，这本相册是一个家庭的宝藏，里面的照片都是组成新南非的家人，承载着我们所有希望的南非。"大家听到这个开场，都为之着迷。

他们说明的同时，银幕上播放一张张动人的照片，配合着摇篮曲。这首摇篮曲非常特别，名为 *Thula Matwana*，广受欢迎，整个南非不论白人还是黑人，都世代传唱。歌曲的开头是一句简单的歌词："有时我们觉得自己受到祝福……"随着美妙

第六章　抱负

的歌声，代表南非的图像一个接一个出现，美丽的脸庞、年老和年轻的、黑皮肤的和白皮肤的，然后图像逐渐交融，真是令人着迷。结尾出现一个简单的总结："我们是南非。"

　　我感动得无法自已。在那活泼动人的颜色和音乐中，展现出来的是他们的抱负。不只关于这家航空公司，更关于他们自己的国家和未来。比稿那天，出现在团队面前的，是一群面无表情的航空公司高层主管及中央政府官员。沙瑞尼亚用自己早年在南非的生活经验和辛苦开场，现场鸦雀无声，接着他将麦克风交给另一位年轻成员，并称呼其为"国家的未来"。详细介绍完广告构想之后，斯麦德播放我们在几小时前看到的相册。现场所有人都无比着迷，且深受感动。当下我就知道，我们赢了。我之后得知，客户在那时一致决定，由我们胜出。

　　那不只是一个创意，也不只是为航空公司规划的广告活动，而是具体表达了一个国家的抱负。黑部裔麦肯通过作品，描述并展现出南非的希望、渴望和即将演变的新状态。我永远也不会忘记。

联合利华　与先驱者合作

　　在联合利华进行重大改革期间，抱负也发挥了很大的作用。

当时我任职于埃培智传播集团，有一天首席执行官麦可·洛斯（Michael Roth），要我去见公司旗下灵狮广告的总裁汤尼·莱特（Tony Wright）。他提醒我，灵狮的大客户联合利华，正在重新检视旗下洗衣粉品牌奥妙（OMO）是否要换广告代理商。要是丢了这个客户，公司可能就得关门。当时情形很紧急，我和莱特见了面，他人很好，也是很杰出的战略家，在我加入灵狮之后成为合伙人。灵狮在各方面都不具优势，可以说是一家小型广告公司，和大型的全球公司竞争，成功概率非常渺茫。

我们的隐藏诉求以抱负为基础。我们判断，新客户很有远见，看到了市场变化，知道营销传播必须有所改变。我们可以清楚看出，他们打算大规模调整联合利华的营销，使其现代化。在客户最初的简报当中，最重要的问题是请各家广告公司告诉他们，一家 21 世纪的广告公司应该是什么样子。

隐藏诉求

我要成为采用新营销方式的先驱者。

那次的比稿分为两个阶段，第一阶段是要详细阐述 21 世纪广告公司应有的样貌，而在几周之后，则要用行动来展现我们提出的观点。第一次提案的时间只有一个小时，我们说明了目

第六章 抱负

前广告公司的组织，并介绍新式的变形虫传播组织。提案相当顺利，但真正的考验在一个月后才开始。

第二阶段是要测试广告公司的诠释能力，看我们能否精彩阐释客户的全球品牌定位：污垢是个好东西。这个营销概念的基础是，小孩经常玩得浑身脏兮兮。在这个阶段，参与比稿的广告公司，必须将四个地区广告公司的提案整合成一个完整的活动。我们构想出来的品牌承诺和口号，要纳入每一次的区域性会议中，让原来散居各地的灵狮广告整合成一家21世纪全球公司。但真正展现魔力的时机，在于最终提案。

我们决定，为了让客户感受我们总部和四个地区团队的想象力，以及团队的协作能力，我们要在他们来访的三个小时中，实际示范给他们看。我们带客户步入一间简单的会议室，由四人到五人的核心团队先进行策略提案。接着会议室的后门突然打开，外面有一道事先铺好的类似田野阡陌的小径，直通广告公司会议室以外的地方。我们带客户到公司顶楼，犹如艺术画廊般的四地区办公室。每间办公室里都有各个地区活泼生动的文化庆祝活动，并且详细介绍每个地区针对"污垢是个好东西"概念发展出来的作品。我们还请来了兄弟公司的杰克·摩顿（Jack Morton）来帮忙，雅典奥运会的舞台就是由他们建构。现场真的棒极了。

莱特表示："这次的挑战在于，要让客户看到，我们如何在不同市场表现这个创意，一方面必须与当地文化贴近，但也要保持全球性。这是一种全新模式，来自一位很有抱负的客户，出自一个竞争最激烈的产品类别。我们发现的隐藏诉求是，与先驱者合作的方法。"

在这场激烈的竞争中，这项杰出的提案让灵狮稳住了这个重要客户。接下来经过几年重整，灵狮更成为联合利华在全球最主要的合作广告公司。

抱负的五大特质

我们在这个10年选择要完成登陆月球等壮举，并不是因为这些很容易，恰是因为它们很困难。目标会让我们将心力加以规划并衡量，在最好的地方发挥作用。

——约翰·肯尼迪（John Kennedy）

抱负不只是一个希望，而是真正会实现的。渴望成长者会看出这些目标，而且永不停止追求。对一个像我那样的9岁孩子而言，这个目标是深切渴望自己说话能像基辛格；对沙瑞尼亚、伍德拉和耐辛吉拉等在非白人区长大的人而言，这个目标是要在新国家里建立一家新公司。

第六章 抱负

组织里每一位成员，都应该要能背诵出抱负，这会驱动所有人的行动。抱负，具有五大特质。

立意良善

抱负应该是为了众人之利，必须能为组织内外的人带来益处。你的抱负是所有行动的依归，会吸引所有人的核心，让他人想共襄盛举，共同创造一些特别的事物。

目标清楚

抱负并不是"希望达成"的目标，而要有绝对实现的信心。这样的使命感会让目标清楚明确，并落实到组织每一层级的人，让人人都清楚了解，一定要百分之百实现才算成功。

看似难以实现

抱负不是微不足道的小幅调整，而是大幅跃进到全新的状态。每个人不论在组织里扮演什么角色，都会想参与这趟重要的成就旅程，尤其是当没有人认为可能实现时。

具催化作用

抱负有核心的感性内容作为其推动力。要实践这个抱负需要靠行动，而行动的催化剂就在于信念，而不是生意。当众人共同拥抱并全心追求某个目标，就会形成信念。这会为大家带来勇气,更重要的是,会激发改变和活力。抱负不需要告知或陈述,而是会激励、带动、给人启发,并带来刺激。

简单易懂

抱负必须让组织从最基层到最高层都能够一致了解。因此所采用的语言要能深入各阶层的人心。这项使命是你要求内容的泉源;这个关键的起点,是基于你和你的组织,是组织成员彼此的共识。不论是董事还是负责搬家具的人员,每个人都必须了解你们的抱负。因为所有人的努力,不论大小,都攸关抱负能否实现。因此在陈述抱负时,必须带有情感,且能够带给人启发。

可惜,很多组织无法达到这个标准。我就看过很多例子,虽然努力尝试,却沦为老套的商业化说法。我写了下列这段陈述,一方面作为范例,一方面增加阅读趣味:

A公司:我们要成为产品研发的创新者,并通过产业研发科技策略和解决方案,预见消费市场的需求。

天啊!这个陈述既复杂又模糊,用了硬梆梆的语言,和董事会的陈词滥调一样,缺乏情感和任何动机。很难想象,这样的陈述可以对工厂里的人员产生什么影响,或让公司上下的人员对未来产生什么想法。你会想为这家公司工作

第六章 抱负

吗？如果能用更多的想象力和抱负，或许可以将这个陈述修改如下：

A 公司将成为科技大跃进的先驱者，满足人类最珍贵的需求，因为我们相信，科学的进步是为了服务全人类。

哇！这真是有启发性，充满自信、纯粹，且目标清楚。它富有催化作用，又具激励效果。这样的抱负非常清楚，清楚指出每个人朝着这目标迈进时，可以做出什么样的贡献。听了之后，你想跟他们一起工作吗？

闪亮的大苹果　15 号 B 栋

朱利安尼接任纽约市长后的 10 年内，扭转了大家一直以来的成见，让纽约从"山丘上的城市"变成"山丘上的闪亮城市"。曾是暴力犯罪中心的时代广场，如今成为娱乐和享受的中心；曾经满是杀人犯和落魄艺术家的夜晚街道，现在满是纽约人和来自全世界的兴奋观光客，他们原本不敢到这里来。犯罪率大幅下降，社会福利支出整整降低了一半，经济无比繁荣。这样的结果和整个纽约市的重生计划都来自一个清晰无比的抱负，一群可以改变城市和国家的人和他们坚定不移的信念与核心。

朱利安尼上任之后，我和他的行政团队一直保持密切联系。我会用麦肯的资源帮助他们推行相关计划（他们对此非常兴奋），有的是研究，还有一些是公益活动。其中有一个项目非常特别。当时纽约的犯罪率已经下降，但受害市民即使遭遇生活和人身安全的重大威胁，要向警方报案还是有所顾忌，朱利安尼面临的严重挑战就是要鼓励市民报案。因为当时的报案系统是通过当地的辖区警方的，民众报案时，警方会询问其姓名和地址，虽然这些数据受到保护，但民众还是担心，可能会因身份曝光遭到报复。

于是，警方设立了免费电话和报案系统，报案内容完全保密。报案人不需要说出姓名。系统连接警方专门设立的回复团队，简称TNT，处理毒品买卖和帮派等相关的报案。很多帮派为了逃避稽查，会强占公共住宅区作为根据地，这使得当地居民相当害怕。我们构思了一个广告活动，在纽约各处刊登，介绍这个新的报案专线。警方收到的报案电话数量直线上升，每周高达数百通。有一位警官在谈论市长的治安措施时，和我分享了此举造成的真正影响。

当时有一通电话打到这个报案专线，TNT派出团队到布朗克斯区，有个帮派正在公共住宅区进行贩毒交易。想象一下，居民每天随时都要面对来来往往的帮派和不良分子，那种威胁感多么强烈。纽约警方铲除了帮派，一举逮捕所有人。

第六章 抱负

这位警官当时也在现场,他在逮捕行动结束后,在走廊上进行最后视察。此时,就在原来被帮派占领的公寓走廊对面,15号B栋公寓有一扇门慢慢打开。一位年长居民先往外探了探头,然后步出公寓走到这位警官面前,看着他的眼睛,小声对他说:"上帝祝福你。"说完之后又很快回到她的公寓里,和她出来时一样快。这时不需要再多说什么,一切尽在不言中。一个城市的抱负,就在15号B栋找到了。

抱负源自一个看似不可能的清楚目标,是渴望成长者的勇气徽章。抱负的核心,是"一定可以实现"的态度;其良善的立意,则是要求内容的关键。这会让每个人都清楚看到你所表达和追求的坚定观点。在拟订要求时,这是第一步也是最重要的一步。几十年后,我仍然坐在收音机前。祖父在我16岁生日时,把那台收音机送给我,我保留至今,那是象征我一生渴望的珍贵物品。我带着它漂洋过海,到了我现在愉快居住着的伦敦,收音机至今都还能用。不过,我得向各位告辞了!BBC第三广播电台,正在播放《勃拉姆斯:D小调第一号钢琴协奏曲》,我得去开大声点。

☼ 好故事的套路

撰写"抱负",和找到自己的核心一样,都必须深入挖掘你的内在。我们每个人从孩提时起,内心就都有一些渴望。以我来说,是从坐在收音机前,希望有一天能到遥远的地方,过着全球化的生活开始。但随着年龄增长,我们的抱负和希望,会因为我们所认知的现实而有所调整,进而减弱。在深入挖掘自己的抱负时,试着让自己再次成为8岁的孩子,把现实考虑先放在一边。黑部裔麦肯拟订抱负时,是要为南非的团结扮演重要角色,而万事达卡所构思的广告,是要超越维萨卡,这两者有一个共同点:看起来都像不可能的任务。

记住这些重点,花时间写下你的抱负,用你想实现的目标作为起点。请拿出一张纸,写出下列问题,以及你和你公司的答案,这能够刺激你思考你们的抱负。

我来到这个世界上是为了什么?

我能够做的最佳工作是什么?

如果能够拥有一切资源,我会做些什么?

我希望大家对我和我们公司有什么样的看法?

我(或我们)的独特能力,可以为其他人带来什么益处?

陈述你的抱负

当你在陈述抱负时,应该会感到紧张。要让人生和事业更进一步,表示你要做一些之前从未做过的事。当你能抬头挺胸,清楚讲出自己将要从事的各个领域,就没有理由感到紧张。做从未做过的事,应该让你感到兴奋才是。我刚被派任为麦肯资深副总裁时,遇到一位前辈约翰·费兹杰拉德(John Fitzgerald),我对他崇拜已久。我告诉他,我非常惶恐,也承认自己完全不知道该做什么:"我吓坏了。"他则回道:"这样的感觉是对的,如果你没有这种感觉,就没有成长。"

你所陈述的抱负,应该能够启发你,也启发其他人。这可以正确反映出,你可以成就什么事。如果你在启程迈向抱负时会感到紧张,那就对了。

我要向大家坦白,之前分享的南非航空等例子,很多都是出自本能的经验。但我事后了解到,如果能用一个简单的"陈述抱负工具",这些过程都可以更具目的性。我在为通用食品(General Foods)构思广告活动时,想出了这个版本:

对于(争取对象)而言,(品牌名称)是可以(指出商品的不同点 的(参考架构)。

举某一次训练的例子来说:

对于所有担心咖啡因的饮用者而言，山卡咖啡（Sanka）不含咖啡因，是不会让你不舒服的咖啡。

这已经包含了所有元素：

争取对象：担心咖啡因的饮用者。

品牌名称：山卡咖啡。

参考架构：咖啡。

不同点：不会让人不舒服。

我们过去都会运用这些陈述在公司内部讨论商品的定位，比方该写咖啡还是饮料等。这个工具的好处就在于简单，它是由容易理解的元素组成，纳入了争取对象、参考架构和不同点。

为了帮助各位练习，我们借用某一次讨论定位的过程，稍加调整。基于之前提过的主要特质，抱负应该包括两大元素：

转变要素：这是抱负的核心，是一个追求成长的组织所想要实现的实质转变。这样的抱负绝非唾手可得，而且会改变大局。

良善立意：这项要素会提升抱负的层次，且赋予激励性目标。这是受到盛世长城广告公司的朋友启发。

两者结合如下：

第六章　抱负

（组织名称）将会成为（良善立意）的（转变要素）。

我们来回顾伍德拉、耐辛吉拉和沙瑞亚尼在南非的一个客厅里提出的抱负。三人已经过充分讨论，也完全同意这些关键要素。经过一番诗意的点缀，其抱负如下：

<u>黑部裔</u>将会成为代表新南非未来锦绣前程的<u>杰出典范</u>。

其组成元素如下：

转变要素：杰出典范。
良善立意：代表新南非未来锦绣前程。

我把这些内容寄给伍德拉、耐辛吉拉和沙瑞亚尼，他们也相当认同。

> **下一个练习……**
>
> 了解隐藏诉求是什么,以及如何产生连接之后,让我们来看看如何通过清晰的想法和信息的启发,来点燃争取对象的热情,那就是你的"赢心策略"。

别忘了!

抱负是人想创造前所未有美好事物的心,这是你和你公司存在价值的明证,是他人愿意跟随你的关键。抱负是你对于成长的渴望,想让自己从一个境界跃升到另一个境界。抱负是你提案内容的动力,代表了渴望成长者为达到一个特别"境界"展开永无止境的追求。对抱负的追求,会为你的提案提供最为重要的方向。

THE
HIDDEN
AGENDA

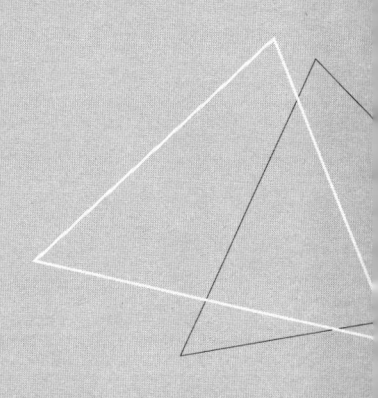

第三部分
故事怎么说

第七章

赢心策略

✧ **练习重点**

当你和争取对象能够通过优势资产建立起连接,你才有机会成功。优势资产包括你的抱负、信念和争取对象隐藏诉求的核心。

每次母亲感到恼怒时,总会说:"老天爷在分发头脑的时候,名单上绝对漏掉了你的名字!"她其实是最支持我的,我是个经常感到烦恼的孩子,除了我永无止境的坚持(那是比稿战将的重要元素),我有点心不在焉。但我很高兴地说,当老天在分发人类本能时,我很幸运排在第一个。人类的本能可以赢取业务并赢得跟随者,然而严谨也是关键因素。在准备要求时,有一个流程和架构能确保获胜,不用把胜负交给命运。这是我学到的教训。

你的核心、信念和抱负，就是我所谓的优势资产，这些能让你和争取对象产生连接。这个步骤是最为关键的，比过程中其他步骤都重要，因为你观察争取对象后发掘的隐藏诉求将是你要求的基础。你能否将观察到的希望加以精炼，将决定你要运用哪一项资产，如何塑造信念，如何安排团队，如何架构故事，以及如何影响最终结果。

我至今见过最大的比稿悲剧，是一个极为认真的团队，将客户的简报逐字解读，并积极全心投入，提出最专业的解决方案。他们屏息等待结果，最后失望而归。怎么会这样？在投入这么多努力之后，当他们以为已经找到对的答案之后，结果竟然如此？那是因为，对的答案不只在于技术上的解决方案，还在于能否反映你拟订的赢心策略，也就是优势资产和隐藏诉求的连接。

极简思考

前面提过，我在麦肯算是另类的人。麦肯是一家财务导向和流程导向文化的公司，显然属于我之前提到的"剧本型"。各位不难想象，这样一家公司，要管理205家分公司，必然有成千上万的流程、工具和做法，用大家都了解的语言，让庞大的公司运作顺利。我们开始推动公司转型时，我做的第一件事是让同事看到，要赢取业务并争取跟随者，其实跟财务部门一样，

第七章　赢心策略

都需要具备策略。他们听了脸色发白，我想他们见到印了"情感表达总监"的名片，血压一定都升高了。

　　成功的组织能够意识到，隐藏诉求是一种感性动力，推动着每一个决定，并且将重要流程制度化，就和公司在做的其他事情一样。我参与的每一次企业改造、每一次比稿，我所要求的每一个对象，重点都在于将探求隐藏诉求制度化。经验告诉我，要不断赢得业务，让公司不断争取积极的跟随者，就必须建立方法且妥善运用，并形成广为了解的语言，使其自然成为公司的一部分，就像财务报表一样的直接结果。

　　我在创办公司时，看到一句很棒的话："如果有时间，我会写一封更简短的信。"这句话好像很多人说过，包括马克·吐温和西塞罗（Cicero）。总之，我只知道自己很喜欢这句话，因为这提醒了我，要赢得一项业务并争取跟随者，最重要也最深刻的技巧就是"精炼"。

　　还有一种主要观念，实际上更是一种生活方式，是由我最早的客户盛世长城广告所拥护的。这家杰出的国际营销传播公司，服务的客户包括谷歌、保乐力加、西门子、诺基亚和澳洲航空（Qantas Airlines）等。该公司是由著名的首席执行官墨瑞·麦克林纳（Moray McLennan）和萨奇兄弟（Maurice and Charles Saatchi）与几位同事共同创办。我很高兴能和这些人共事，特别是看着这家公司以"极简思考"（brutal simplicity of

147

thought）这个基本信念为基础，不断成长。他们有一个很简单的主张，由下图这三个步骤组成。

"极简思考"的公式

简单事实	+	品牌真理	=	主张
简单 放诸四海皆准 有相关性的事实		关于品牌的绝对真理		信念和行动的催化剂

极简思考

将想法复杂化，比简单化更容易。

简单的创意，更能深入人心、持续更久。

因此，极简的想法是必要之痛。

盛世长城广告的人相信，只有将构想精炼成单一、清楚且能打动人的想法，才能产生智慧。这需要很多的努力，但是能够得到真正的回报。他们更进一步发展出一套简单但深刻的架构，也可以称之为工具，来发展他们的"极简思考"创意，他们把它称作三格思考，其方法如上公式。

这个方法看似简单，但千万不要被骗了。要正确理解这几个简单的句子并不容易，而要让它们有深刻意义，那又更难了。这三个格子的公式，提供了一种能获得普遍接受的方法，以及一种以信念为基础的语言，让你可以赢取业务并争取跟随者，并将之制度化。工具不是硬性的规定，而是用来建构观念的好方法，非常有助于团队能够采用同样的流程。所以在追求隐藏诉求，并受到极简化的启发之后，我们也能用工具来协助自己。

用艾伦扳手精炼创意

我非常喜欢自己动手做（DIY）。我很爱在美丽的周六早晨，打开我的工具箱，通过我的手工作品让这个世界更美好。很可惜的是，我的手工通常都以一通找专家协助的电话告终，但这里就不多说了。在我的工具箱里有一个工具，我叫它"艾伦扳手"（Allen key）。它不像螺丝起子那么常见，是六角形的，还有个L型的弯曲。这是一个非常专门的小工具，只用来旋开一种特殊的螺丝。

有个周日早上，正当我再度使用这个特殊工具时，我突然想到，还有什么比"艾伦扳手"这个比喻更适合形容揭开隐藏诉求和优势资产的特别方法？恰巧是我的名字，也没什么不好，请看下图。

艾伦扳手

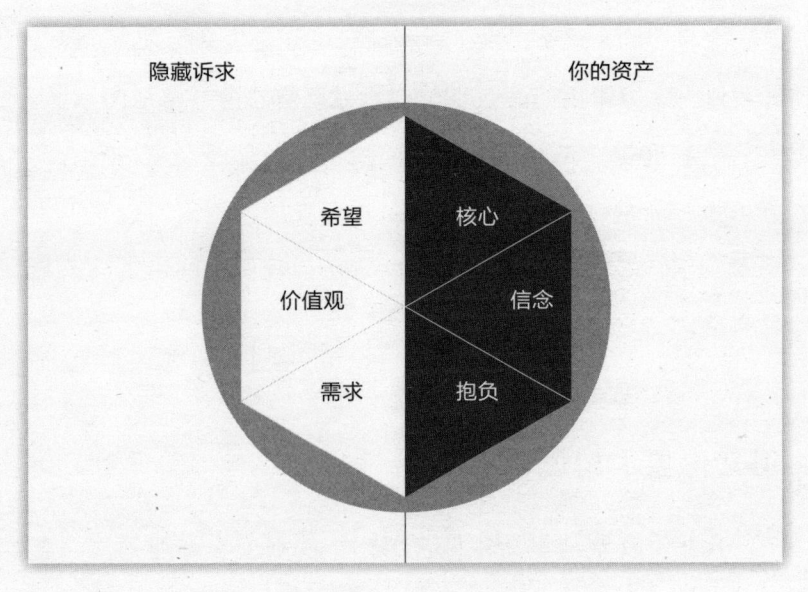

```
隐藏诉求        你的资产

     希望    核心
  价值观    信念
     需求    抱负
```

艾伦扳手是一种参考指南，能帮你找出各种形成赢心策略的要素。它会帮助你考虑所有选择和决策，形成隐藏诉求，并判断用什么样的优势资产来执行。重要的是要记住，这些都是出于本能的人类行为。我的目的是将这个简单的工具作为各位的参考架构，让你和同事可以用头脑风暴，讨论出你们的隐藏诉求及该如何与之连接。在构思制胜策略时，有个好用工具会很有帮助。希望这个工具能帮得上忙。

第七章　赢心策略

赢心策略

　　赢心策略是将你的一项优势资产和你找到的隐藏诉求相连接。你的每一项优势资产——抱负、信念、核心，可以分别用来解开隐藏诉求的三大要素——希望、需求和价值观。抱负和希望相连接，那是你和争取对象对于未来的共同愿景。他们在你身上看到自己的抱负，所以才决定跟随你。信念和价值观相连接，那是你和争取对象的共同信仰体系。因为你最了解他们，所以才决定跟随你。核心和需求相连接，那是你的特别之处，能够解决争取对象的不足。他们因为看到你的解决方案，所以才决定跟随你。之后的图片用前几章谈到的比稿经验为例，具体说明优势资产如何和隐藏诉求相连。

　　连接到隐藏诉求的流程，发自人的内心，会将情感和希望也纳入赢心策略。流程常被误解为，纯粹以现实状况为基础。这里所说的流程和一般制造流程不同之处在于，每次要求都能将这个发自内心的流程有意识地系统化。事实上，每个人都有能力发挥同理心，顺应本能，并和其他人产生情感连接。各位可以把这视为一项运动，需要锻炼新的肌肉，让自己进入状况。我必须说，成功的要求通常都搭配了两个到三个元素。然而毫无疑问，背后都有一股主要动力，这也就是为什么我会鼓励各位，从中选出一个最有力的答案。

隐藏诉求	优势资产
万事达卡 我们必须在市场上战胜维萨卡，而且要一战成名……但看来成功概率不高。	**核心** 麦肯的竞争文化与过往的成功经验。
南非航空 全世界都在看着我们，我们要证明自己做的是对的。	**抱负** 黑部裔反映了南非的团结和渴望。
万豪酒店 我们深知酒店业不断创新的重要性，但不想在创新的过程中牺牲了我们的价值。	**信念** 我们的核心文化，奠基于荣耀和高尚的"服务精神"。

我们在面对一个新业务机会或争取跟随者时，往往会先遇到技术上的目标，比如增加市场占有率、提升销售业绩、达成并超越销售目标、招聘新成员、影响中间选民等。这些都是理性的起点，甚至会被形容成使命的目标。我认为这些不是使命，也不是目标，而是实现隐藏诉求的方法。真正的使命，就是争取对象心中的隐藏诉求。关键在于要将其解开，并以你所找出的隐藏诉求为动力，完成这个目标。

我发现，要将这种思考流程制度化，必须创造与这个流程相关的语言，并持续加以运用。这样每当我提到赢心策略、隐藏诉求、信念、核心、抱负时，大家才会懂我到底在说什么。

这需要不断且大量的倡导。我借由很多自己的成功经验，有效和公司内部的人沟通，让他们能够将种种要素和事业成功相连接。要在我的组织里赢得跟随者并不难，毕竟大家都喜欢赢。和赢有关的语言绝对值得采用，还会像野火一样快速蔓延。

除了要将这个流程制度化，还要通过"赢心策略会议"，向大家介绍这个很有价值的新方法。毕竟，组织里有各式各样的会议，如预算会议、财务检测会议等，为什么不能有像这样的会议，讨论如何争取新业务或跟随者？

三步骤，准备打动客户的心

挖掘出隐藏诉求，完成访谈，并经过充分的内在思考，接下来就可以运用前面提到的艾伦扳手，通过赢心策略流程，将想法加以精炼。请依照下列步骤：

1.挖掘隐藏诉求，找出驱动客户核心的情感欲望。判断那是希望、需求，还是价值观。

2.选择抱负、信念或核心。判断哪一项最能够满足隐藏诉求所包含的情感需求。把每一项都想象成你工具箱里的一个工具，哪一个工具最能响应隐藏诉求，并达成需求。

3.将你负责的任务和你对隐藏诉求的追求加以结合。

如果过程中涉及的人很多，可以将他们组成核心团队，召开赢心策略会议。这个会议能让大家专门针对隐藏诉求进行对话。在设计讨论内容时，要让所有相关人员都能充分参与，这样才能够将你的优势资产连接到你所找出的隐藏诉求，并引发良好反应。如果你是自己一人在构思策略，何不请你的"董事会成员"一起参加？我向你保证，这些练习伙伴对你一定会有帮助。

曾有一位创意总监对我说："让我在界定严谨的策略中，有发挥的自由！"赢心策略陈述，是驱动你成功达成目标的力量，也是你团队在进行各项准备时的依据蓝图。赢心策略陈述精炼说明你要如何满足争取对象的情感需求，也就是要如何和隐藏诉求相连接。它有两个简单的组成元素：隐藏诉求和你所选出的优势资产。

基本形式：

针对（争取对象）的赢心策略是，将（你的优势资产），连接到（隐藏诉求）。

范例：

针对万事达卡的赢心策略是，将麦肯的求胜精神和杰出的成功纪录，连接到万事达卡面对维萨卡的担忧。

第七章 赢心策略

最后，请将完整的赢心策略总结在一张纸上。这项策略应包括隐藏诉求、你选出的优势资产、赢心策略陈述，以及你将如何连接到客户提供的事务性简报。下面这个部分，是我以前面几章提到的比稿为例，示范如何将针对隐藏诉求连接到各项优势资产，并用一个制胜策略陈述加以总结。如果你能将要求内容精炼成这几项观察要素，你就离成功更进一步了。下列每个总结，分别运用了一项优势资产。

万事达卡、万豪、南非航空的赢心策略

万事达卡

隐藏诉求：我们必须在市场上战胜维萨卡，而且要一战成名……但看来成功概率不高。

经过深入访谈，我们了解到客户一心想击败维萨卡，以此获得消费者认可。但他们也担忧维萨卡的市场主导力量和丰厚的财力，不知道自己能否成功。

核心：麦肯以其求胜的企业文化和极具竞争力的能力著称，也乐于赢得一对一的品牌对战（可口可乐与百事可乐、AT&T 与 MCI）。这种赢家的特质和才能，正符合万事达卡想成为赢家的抱负——希望 15 年来第一次有机会在市场上打败维萨卡。

赢心策略：将麦肯的求胜企业文化，以及一直以来的自信，连接到万事达卡的隐藏诉求——想打败维萨卡。

万豪酒店

隐藏诉求：我们深知酒店业不断创新的重要性，但不想在创新的过程中牺牲我们的价值。

神圣和高贵的服务精神是万豪酒店文化的核心，也是其创办人威拉德·马里奥特的谆谆教诲。他们会从这个角度来判断任何提案。

信念：从最初引起他们的兴趣到最后的比稿，都展现出以顾客为中心的共同价值观和对万豪企业文化的深度认同。

赢心策略：将万豪对服务精神的信念，连接到麦肯广告以客户为中心的服务文化，以及其对万豪信念的深刻了解。

南非航空

隐藏诉求：全世界都在看着我们，我们要证明自己做的是对的。

在南非的种族隔离时代之后，南非航空知道，这次的宣传内容和做法，将会受到广大重视。外界认为南非航空代表了这个新国家，而决策小组也感受到这份重大责任。

抱负：黑部裔麦肯是南非第一家由黑人组成的广告公司，

第七章　赢心策略

他们拥有非洲的根源，广告公司组成也相当多元，因此象征了新南非的抱负，能够和南非航空相连接。

赢心策略：黑部裔麦肯反映了南非对团结和成长的渴望，将这份渴望连接到南非航空决策小组的隐藏诉求——他们肩负了必须成功展现新南非的压力。

下一个练习……

有了扎实的策略,接下来就要提出有力的论点。以下将节录一些法庭戏剧的内容,用强而有力的律师辩论法来进行。律师,你可以开始了。

别忘了!

赢心策略是将优势资产和隐藏诉求相结合。该运用哪一项优势资产来架构简报、组织团队、建构故事内容并产出最终结果,取决于你从争取对象身上观察到什么样的欲望。这些会决定你论点的基础。

第八章
效仿律师的说话方式

⚙ **练习重点**

所谓论点,就是要创造一个无比坚定的定理,合理支持你找出的隐藏诉求。这就是提案内容的上层结构。

我在麦肯初期,接受过另一位很了不起的前辈金彼得的训练,让我获得长足进步。在丢了可口可乐这个大客户后不久,麦肯首席执行官开始找来一些新人才,金彼得就是第一位,他担任麦肯全球副总裁及战略规划执行总监。他是智威汤逊广告公司(J. Walter Thompson)的传奇人物,不到30岁就当上该公司战略规划部门的执行副总裁。这还不算什么,金彼得18岁就从大学毕业,直接攻读博士,19岁就当上了纽约大学讲师!

金彼得出生于韩国,父亲是移民到美国的韩国贸易商,他的家庭成员都相当有成就，他妹妹在9岁时就赢得朱莉亚音乐学院全额奖学金研习钢琴。他应该是我见过最成功的企业家。他认为人可以用"堪比体重优势的逻辑"来取得胜利，他曾这么告诉我："你不必是最魁梧的人，就能压倒所有人。"

没人能像金彼得那样，以充满创造力的方式发出提案。他能抓住观众，带着他们进行一段极具逻辑的旅程，最后到达坚定的结论。我想不出他有哪一次没让观众完全着迷，他的提案就像有魔法一般。金彼得认为，提案应该包含仔细的串连、有力且准确的开场白、证据详尽的陈述及不容置疑的总结。这些对我而言都是无价的学习经验。

向律师学习

我往往不将比稿视为一场提案，而是想象成在法院上为一个重要案件进行辩护。我们小时候常看一部法庭电视剧《派瑞·梅森》（Perry Mason），男主角每次诉讼都能赢。几乎每一集的开场都是派瑞倚在法庭栏杆上，看着陪审团有力地说："陪审团的各位女士先生，我将提出有力证据，证明我的客户没有犯下谋杀案，因为他人根本不在现场！"随着剧情的发展，证据、证词和事实逐一提出。接下来，梅森会慷慨陈词，提出结论："请让我的当事人重获自由，因为各位已经看到这些证据，

第八章　效仿律师的说话方式

他是清白的！"拟订有力的要求就是要这样：一段有力的开场白，主题明确，直接反映隐藏诉求，然后陈述经过缜密安排的证据以及强有力的的坚定结论。

为了更进一步了解这个技巧，我请教了跟我一起为朱利安尼市长工作的朋友丹尼·杨（Denny Young），他在朱利安尼担任纽约南区检察长时，曾任副检察长。杨谈到他担任诉讼律师的技巧，告诉我"证据优势""举证责任"和"超越合理怀疑"等观念。他还谈到如何提出全面性的论点，他将此称之为"逻辑顺序"。他鼓励我花些时间去了解诉讼的技巧。隔天，我就埋首于相关主题的法律书堆中。小时候，人家问我长大以后要做什么，我总是回答："律师。"所以我在读这些书的时候，非常乐在其中。

从这些杰出作者当中，我看到了一个共同点，就是他们都很重视论点的明确程度和单一性。这点很困难，但对所有法律案件都是最重要的。要让争取对象了解你，并接受你的论点，就必须非常明确有力地让他知道你在说什么。律师辩论法神奇之处在于，能够通过清楚的逻辑，让论点明确有力。这是在简化关键核心，让它可以被所有人接收并了解。大部分人都没有做到建立论点逻辑这个步骤，因此提案内容过于杂乱不清且缺乏动机。你必须勇敢地选出单一理论来支持自己，这并不容易，需要相当的果断，但这项关键技巧能让你和其他人有所不同。提出清晰论点的重要性不容小觑,这正是你提案内容的架构基础。

提出你的论点

律师辩护有两种形式,先是书面报告,然后才是口头辩论。通常在书面报告呈到法院之后,才会进行口头辩论。我很喜欢这样的做法,因为这会提醒我们,赢得人心的提案,是以非常努力的准备为基础的。书面报告需要缜密而严谨的逻辑,我一向认为,在争取客户的过程中,情感虽然相当关键,但如果不能通过全面性的论点来建构说服力,仍旧难以成功,我称之为"感性的逻辑"。我所看的法律相关书籍都认同,要建构有力的论点,有两项重要元素:论述和论点的架构。

你的论述

所谓论述就是你论点的陈述。要用简短的几个字,汇总你所提出的主题及事实证据。诉讼律师撰写论述时,都会字斟句酌,而且用字尽可能精简,选择字词也有策略考虑。诉讼律师陈述的遣辞用句,都必须强而有力。

要像律师那样思考,必须先界定好你的论述。论述是你的假设,是你对所提论点的支持,也是要让陪审团相信你的有力

第八章　效仿律师的说话方式

总结。所以如果我们是梅森，论点可能会是："陪审团的各位女士先生，我将向各位证明，这是一个错误的指控，我的当事人并没有犯罪，因为他整个晚上都和他令人敬重的母亲在一起。"

当你为了争取客户或跟随者而提出论点，你的论述同样要从隐藏诉求出发。也就是说，论述必须清楚说明，你将如何用隐藏诉求和争取对象建立连接。你提出的论点必须以此为原则，列举各项事实和证据。万事达卡的论述如下：

把握今天

carpe diem，意思是"活在当下，及时行乐"。今天就是属于你的时间！你以明显的优势战胜维萨卡，成为消费者皮夹中受青睐的信用卡。但最重要的是，在消费者心中占有最重要的位置。

论点的架构

在我阅读的书当中，有一本前美国最高法院法官安东尼·史卡利亚（Antonin Scalia）的作品，书名是《赢得辩护》(*Making Your Case, The Art of Persuading Judges*)。他在书中指出"演绎法"（syllogism）对于形成论述扮演的角色，以及他认为应该投入多少时间思考，以提出有效的演绎法。

史卡利亚说："如果你没学过逻辑，在学习的时候可能会感到很惊讶，其实你一直都在用演绎推理。"（他说的正是金彼得!)他继续说道:"成功者会让决策者相信,他的演绎推论比较接近案件最重要的核心。"他还引用了一个架构,他称之为正面演绎法。我还记得在学校时,老师称之为:"如果……,就会……"。

大前提:所有的 S 都是 P。

小前提:这个案件是 S。

结论:所以这个案件是 P。

史卡利亚法官主张,演绎法的逻辑最为严谨,因此最具说服力。比方说,他引用了一段简单的演绎法:

大前提:不需要付出报酬的合约,不具约束力。

小前提:琼森在这个合约中没有付出报酬。

结论:这个合约不具约束力。

如果依据演绎法的推论,来看万事达卡的比稿经验,就会是:

大前提:所谓"使用循环利息的好人",价值观较为内在导向。

小前提:万事达卡的价值体系是内在导向的。

结论:使用循环利息的好人,采用的信用卡应当是万事达卡。

第八章　效仿律师的说话方式

这个核心论述将论点整合起来，并列出所有证据。这个论述延伸出来的逻辑极具分量，让人清楚理解者提案论点。

成功的提案，要针对隐藏诉求中的情感逻辑。

只要能打动这个逻辑，就能打动顾客的心。

只要打动顾客的心，就能取得胜利。

杰出的推销人员，就像优秀的律师，会善用所有元素：抱负、核心、信念和隐藏诉求，并且用清楚又具说服力的逻辑加以组合。律师辩论法可以将你的主张和隐藏诉求串连起来，通过对隐藏诉求的清楚阐述，加上具说服力的证据，呈现出你的优势资产。这样就可以让你的争取对象，有了跟随你的理由，让你因此成功。强生公司一项革命性产品的比稿经验，最能印证律师辩论法的力量。

HIV 检测，是为了保护生命

对于强生，我一直有很强烈的情感。我受伤的时候，不管是膝盖擦伤还是额头上的伤口，母亲总是会温柔地给我贴上强生的创可贴。强生的婴儿痱子粉和洗发水，就好像是要来这世界上帮大家温柔细心地照顾所爱的家人。这一点，正反映出他们公司的信念。

165

1998 年，我还在麦肯服务时，强生是我们的大客户，邀请我们参加一个开发中产品的比稿，那是第一个可以在家测试 HIV 病毒的产品。这是一个产品，也是一项服务。消费者可以购买一套简单隐秘的套装服务，用和测试糖尿病一样的方式抽血，将血液样本用匿名方式寄到"直接诊断"实验室（Direct Access Diagnostics）。消费者可以打一条保密的专线，由受过专门训练的顾问和服务人员，告知测试结果。

在当时的年代，接受 HIV 测试是一种禁忌，充满了恐惧，而这项服务是一个革命性的概念。虽然这个商品相当具争议性，但我们将麦肯的重要人力都倾注在这个项目上。我们知道这对很多人来说非常有意义，也知道我们有责任要赢得这项业务。

在开发这项商品时，艾滋病的根本原因和治疗方法都还在研究当中，当时有愈来愈多人相信，接受测试是有效治疗的第一步。那时还在研究的初期，社会对于这种疾病弥漫着强烈的恐惧气氛，而且很多人不相信测试会有效用。有的人甚至认为，测试是政府企图铲除和迫害艾滋病患者的计谋。

隐藏诉求

我们必须知道，你们是立意良善的。

强生公司决定推出这项商品，相当不可思议。在争议的声

第八章 效仿律师的说话方式

浪中,他们相信这项商品能够真正帮助到许多人。患者愈早接受治疗,就愈有机会得救,而这项商品就能让人更早接受治疗,实在相当了不起。这项商品名为"信赖"(Confide),我们为其拟订的策略有三大要素:我们的抱负、和测试相关的事实,以及强生的信念。至于其他元素,也都会用来作为策略的助力。

我们的抱负很简单:我们都相信这项商品,因为只要患者愈早接受测试,就能愈早接受治疗,我们可以拯救许多人的生命。再者,因为这项商品百分之百隐秘,能够确保使用者安全且匿名接受测试。最后,强生的基础信念,能向持怀疑态度的人证明,他们的确是立意良善,而且整个测试过程将毫不偏差。

之前提过强生的信念。还记得我们到他们公司总部听取简报,在等候他们带我们到办公室之前,我到处看了看。我看着强生总部大厅那块花岗岩上刻的文字,仔细思考信念的意义,我回想起自己 9 岁时膝盖擦伤的情景。当时我关注艾滋病议题已有多年,决心争取这个重要业务。

比稿团队的成员都经过精挑细选,其中很多都是义工,当中很多人都参与了与对抗艾滋病相关的组织和活动,包括我自己。这个革命性产品和服务的推出,让我们相当振奋,这代表着一家重量级的美国企业要采取勇敢的行动,我们一定要让这项商品成功上市。我们确实赢得了该业务,但后来有次艾滋病

167

运动者的会议，真正考验了我们参与这次比稿的自信。

在产品开发进入某个阶段时，强生的营销主管认为，有必要让艾滋病运动的参与者和意见领袖参与，这样可以让强生获得活动参与者的支持。这些人从来不怕表达自己的观点，取得这些人的支持是重要的一步。当时我们都认定，他们一定会全心全意接受这项商品。

我们抵达举办活动的酒店后，被带到一间很大的会议室休息。会议室里有张巨大的 U 型会议桌，坐满将近 40 人，还有大约 25 人站在后面。当时的气氛很愉快，营销总监开始发言，我就站在他后面，像游戏节目的女主持人一样拿着展示板。营销总监说了几句话表示欢迎之后，将会议的主持交给我："现在我要请凯文·艾伦来谈谈，'信赖'这项商品的规划，和上市的重要性。"我吓呆了，本来以为只要举着板子就好，不需要面对这些厉害的观众。

我走向 U 型舞台，必须当场构思自己要说些什么。在一阵紧张和周遭的喧闹声中，我出于本能回到我最单纯的核心：测试会让人免于死亡。我想到的另一个影像是，那块刻着企业信念的花岗岩。我要大家想想那面巨大的墙，更重要的是，刻在那块花岗岩上的字。我说，我们来到这个世界上，是要为其他人做出贡献，特别是没有办法自助的人。我相信，这个时刻来临了；世界上最卓越的企业强生公司，其信念是为病人和他们

第八章　效仿律师的说话方式

所爱的人做出贡献、帮助他们，可以带来一种方法，让人可以开始免于艾滋病导致的生命缩短。

整个会议室都沸腾了起来。我这辈子从没见过这么多张愤怒和扭曲的脸，同时出现在我面前。因为当时我真实感受到了，我没有逃走，反而向前一步进入 U 型舞台，保持镇定。在情绪恢复之后，我再次感受到这项商品的重要性，以及由单一企业来支持这样的商品，意义有多么重大。

我不知道接下来该做什么，于是转向一位在加州经营 HIV 测试网站的女士。我在会议开始前和她聊了天，她告诉我，她相信测试的重要性，也相信如果患者愈早诊断出来，对治疗愈有帮助。我大喊"安静"，请大家听她发言。她轻声但热情地分享自己的成功经验，以及她为什么认为，大家一定要支持这个项目。她的论点很简单：患者正在死去，测试可以拯救他们，而强生的承诺可以确保产品的质量。她通过强生的信念，连接会议室里每个人的隐藏诉求。她向会议室里每个人保证，他们都应该基于"道德义务给予支持"。她也很快提醒大家，可能再也得不到像强生这样的企业来支持，所以现在就要行动起来。

在我慌乱和憔悴地感谢大家，并请大家到隔壁房间享用鸡尾酒后，会议就此结束。在会议室里，美国最知名的艾滋病运动者一个接一个表达他们的支持，并表示他们之前的质疑是针对我们的立意是否良善。他们认同这个项目对社会的重要性，而且只有强生有这样的信念，能够克服对这项新商品的效果的怀疑。感谢上天，这项测试很快普及，我打从心里相信，这是因为一家特别的公司抱持特别的信念所促成的。

彼得留给我们的

在赢得一次次比稿之后，我的前辈和好友金彼得决定离开公司。他对未来一直很确定，就像他在华盛顿和我一起参加AT&T比稿时告诉我的。他向我透露，他和其他家族成员一样患有严重的先天性心脏病。我很惊讶听到他说自己无法活过40岁，他决心好好过完自己的一生，一定要成立一家公司。在为这么多人，包括我自己，做了这么多了不起的事之后，他绝对有权利这么做。

我还清楚记得那次对谈，让我情绪波动。我问他，没有了他，我们到底该怎么办。我觉得自己要在他之后，承担起比稿团队领导人如此的重责大任，自己还多有欠缺。他告诉我，他最重视的是，要让我们已经建立起来的东西长久持续下去。他也非常亲切地告诉我："别担心，用你的方式，你会表现得很好，你特有的方式。"他这番话让我想起，杰湛广告总裁比尔·甘治先生多年前也曾提点我，好的比稿，是要有勇气呈现真正的自己。

第八章　效仿律师的说话方式

金彼得的预测总是完全正确，他在千禧年到来时离开了这个世界，年仅 40 岁。事实上，我从未能取代他的位置，他太伟大了！他之前所奠定的基础，让我们团队在接下来几年，赢得了 20 亿美元的业务。

☼ 好故事的套路

很多公司在提案时，通常都用线性的方法陈述，从目标、策略、战术等，用一个整齐、没有说服力的顺序陈述。律师辩论法的陈述方式不同，会用不固定的方式来陈述论点。律师辩论法更有力、更动人，也更能打动争取对象。别忘了，陈述论点和陈述事实很不相同。架构完整的论点能让人采取行动，相信你，并跟随你。建构一个论点必须相当严谨。我运用向律师朋友借来的文件，整理出一些纲要，应该会对各位有帮助。我每一次准备提案内容，都是用这样的逻辑顺序来设计的，从最简单的一对一非正式会议，到大型的提案简报都适用。

开场陈述

这是要以最单纯的形式，有力陈述的论述。这也是提案内容中，最能打动人、最具说服力的精髓。开场陈述绝不能暧昧不明，必须清清楚楚说明你的主张，并提出证据来佐证。开场陈述，同样是以你和隐藏诉求之间的连接为基础。理想的开场陈述可以这样开头："我认为……"

事实与证据

律师朋友们称这个步骤为"发现的过程"。这阶段要全面仔

第八章　效仿律师的说话方式

细地回顾所有与主张相关的潜在事实。对我们来说，这就是探求隐藏诉求的过程，通过访谈等种种可以厘清对方需求的线索，找出争取对象内心真正的想法。接着就要找出对的"证据"，来支持自己的论点。想象一下，这就像是在法院上呈现证据A、证据B等。不要用线性的陈述方式提案，要提出有力证据，展现你与隐藏诉求的连接。

逻辑路径

这为你的争取对象提供一个蓝图，让他们了解你将如何证明你的主张。你可以直接画出逻辑图表，让观众清楚知道你要带他们到什么地方。另外也可以任意运用各个元素，包括抱负、核心、信念及他们的隐藏诉求，用清楚的逻辑加以组合。

总结

这阶段要解释事实与论述的关系，通过生动的总结，提炼你的主张，以及你要对方采取的行动。总结就是再次陈述自己的论述，也就是所要求的隐藏诉求，只是这次要通过有力的逻辑，整合你提出的所有证据。

万事达卡比稿的开场陈述，就清楚提出这是万事达卡的时代，因为万事达卡有机会一战成名，成为领导者。我们用有力的方式呈现出所有证据、内在导向的价值观转变、万事达卡的真正核心，以及"使用循环利息的好人"这个概念化争取对象。最后的总结，我们展现了未来的前景，包括模仿美国著名脱口秀主持人大卫·莱特曼（David Letterman）十大排行榜的"前十大无价时刻排行榜"。我们当时并不知道，后来世界各地真的有好几百个模仿无价时刻的版本！

　　论点是成功要求最重要的元素，必须将你的观点和让人相信的论据加以整合、精炼，争取到跟随者。

下一个练习……

有了清楚且具说服力的论点,接下来就要口头论述。正如一位法律专家所说,口头辩论就是要用讲故事的方法,呈现出主题和关键的论点。所以,很久很久以前……

别忘了!

论点是成功要求的关键元素。必须清楚地建构,并且列出你的论述和支持证据。这阶段的基础是演绎法的逻辑,而提案内容也应以此为架构。要将关键核心加以简化需要勇气,你必须判断自己和公司要呈现的单一核心,并排除其他可能性。

第九章

说故事的力量

✿ 练习重点

说故事,一个以隐藏诉求建构出的故事。让你的争取对象,感受这种人类最古老也最具激励性的沟通方式。

舞台架设好了,策略三人组也铺好了坚实的逻辑地毯。我的朋友,才华横溢的创意总监乔纳森讲述了他建构的概念,也就是比稿的核心要求:

有些东西钱永远买不到,除此之外,万事达卡为你实现。

当时,麦肯宽敞的会议室当中有一张桌子,上面放着一个庞然大物,用一块布盖着。这时那块布被小心地掀开,里面有一块蓝色的丝绒布、一堆高达1米的书,中间有一块镶着万事达卡商标的闪亮铜片。第一本书被小心地翻开，两位"无价时刻"的出色创意者，杰洛恩·博尔斯和乔伊斯·金·托马斯，用温柔的声音读一页有着美丽照片的故事，讲的是一对父子。

两张票，28 美元。

两份热狗、两份爆米花、两杯汽水，18 美元。

一个签名球，45 美元。

和 11 岁儿子真正的对话……无价。

现场鸦雀无声。

他们用坚定自信的语调，述说着一个个以这个创意为基础的故事。这个时刻，让我非常激动，对于会议室里每一人的职业生涯都是相当激动的一刻。他们脸上的表情，就说明了一切，他们完全着迷。我们这次比稿的策略想法是，要用一种永远不会落伍的深刻方式来沟通——说故事。所有的逻辑、所有内容的元素都会转换成一个令人渴望的英雄式成功故事。

我们说了一个故事，来介绍万事达卡的出色创意：有一个容易受到攻击的脆弱品牌，受到从未失败的对手维萨卡的猛烈攻击，但是这个脆弱品牌仍然有转型的潜力。我们赋予万事达卡力量和掌控权，让他们能够扭转局势，能够在市场上成为的真正赢家。那不只是一个要人接受现状的故事，而是一个充满

第九章　说故事的力量

各种可能性的故事，清楚说明我们强烈相信，我们能够达成心中的理想。

说故事并不只是在沟通，更是在传达热情、情感和希望。它具有一种独特的力量，能够激励、鼓动。你的要求必须从论述和逻辑转换成一种打动观众的传达方式。故事的主题要具有启发性，纳入相关的种种元素，包括英雄、坏人、情节、挣扎、旅途和救赎。我不是说你的要求都必须带着瓦格纳的风格，而是说你在提案时，不要只是陈述事实，而是要带领争取对象，给他们真正深刻的感动。

从前，从前……

说故事的历史，和人类历史一样久远。远古洞穴壁画上的绘画、在篝火旁讲故事、在烛光下读故事给其他人听，或是在客厅看电视、在电影院看电影，每个年代都有各式各样说故事的方法及故事的主题。这不只是在陈述一个事件或活动，一个打猎的故事不会是这样：

嗯……我们出去打猎，打到了一只野猪，然后把它带回家吃了。

应该是这样：

我们很早就出去了，那个早晨很寒冷，寒气都冻到我们骨子里。

我们沿着小径走，浓密的草丛让我们大部分时间都几乎看不清方向。就在那时，一只老虎出现了！我们拼命逃，跑着跑着，乌兹绊倒了，掉到山沟里！为了求生，我们搭了一个人梯，把他救出来，让他死里逃生。

我的箭全都掉到山沟里，只剩下一支。我们继续往前走，面前突然出现一只野猪。那只野猪巨大无比，我知道我们免不了一战。它朝着我们冲过来，我举起我的弓，射出我最后一支箭，箭在空中飞着……不是它死就是我亡。

野猪跳了起来，我们都跌落在高密的草丛里，箭刺穿了它的心脏，我让我们大家活了下来。

那不只在回顾一个事件，而是在讲述一次追寻、一次困境、一个勇敢的行为、一个胜利的时刻。讲述的一个英雄为了食物和他们的家人所踏上的旅程。充满戏剧性、兴奋与启发。

说故事最重要的就是传达出内心的渴望，也就是讲出实现目标和完成愿望的那段旅程。我们内心都有一些共同的渴望，所以回顾一段实现目标的兴奋过程，每一个人都会热切体会且倾听的。多年来，说故事已经让我们联想起真理和智慧，卓越的说故事者，用故事打动了世世代代的听众。我是个无可救药的经典电影迷，所以就来举几个大银幕的例子。这些是爱情故事的角色，大部分都是悲剧性的，也都运用了大家熟悉的元素，来讲述永恒的真理和智慧：

《西城故事》(West Side Story)的玛丽亚和汤尼：
爱是永恒的。
《埃及艳后》(Cleopatra)的克丽奥佩特拉和安东尼：
伟大的爱情是需要牺牲的。
《乱世佳人》(Gone with the Wind)的郝思嘉和白瑞德：
光靠热情，并不能产生爱情。

每一个故事，都有一个论述，就像在上一章所讨论的，但这里还加入了情感和人类长久以来的渴望。对我们而言，这就是隐藏诉求，在每个故事的核心，都有一个的渴望，包括你自己的渴望和概念化争取对象的渴望。

小故事，大连接

故事最重要的功能，就是和其他人产生连接。我前面提过我的德国血源，相信各位看到我名字叫凯文时，应该也可以知道我的个性中有很多爱尔兰人的成分。各位也可以想象得到，参加爱尔兰旅游局的比稿对我有多么重要。在听取客户简报时，我们可以感受到这个国家深刻的感情及在暴力笼罩下的挣扎。他们认为爱尔兰人在世界上有着独特地位，由此也能看出他们对国家的爱。我也感受到，他们很清楚自己国家的处境及全世界媒体对他们困境的报道。

他们自豪地分享他们的研究结果，其中清楚指出，大家去旅游目的地都是想看些特别的东西，但爱尔兰则是一个让旅游者想要"参与"的目的地。他们不只享受这个国家的美景，还享受当地人的精神和开放性。到酒馆喝杯吉尼斯啤酒（Guinness），一起唱歌，或和充满魅力的爱尔兰人一起从事一些活动，度过一周，使旅游者也变得更"爱尔兰化"。这个研究结果不只具有策略意义，更提供证据证明爱尔兰旅游局的员工所具备的情感。

隐藏诉求

我们要让大家感受真正的爱尔兰。爱尔兰人的温暖，让旅客想要参与这个美丽的地方，这正是我们的特别之处。有关我们国家的报道，并不能说明我们的真正面貌。

提案在都柏林进行，我在提案中的任务是，要用我们设定

第九章　说故事的力量

的主题来开场,也就是爱尔兰旅游局成员和我们共同相信的价值观:

我们相信,这不只是一次推广旅游地点的比稿,因为爱尔兰与众不同。

提案那天,我决定将背景设定为"爱尔兰不只是一个国家"。这个想法来自提案前两天,我和家人的对话。以下是我的开场白:

早安,非常谢谢各位邀请我们来参加比稿。我从很远的地方来到这里,上周末我还在与位于纽约的母亲和家人共度复活节。吃甜点的时候,我终于鼓起勇气告诉母亲,我得赶到机场去,吃完晚饭就得出发。

"机场?怎么可以?这是复活节周末呀!有什么重要的事非得今天出发?"

"我们要参加爱尔兰旅游局的比稿。"

"那你马上给我上飞机,没有赢就不要给我回来!"

大家都笑了,但在现场一定有很多人的妈妈也会这么对他们说。我可以说:"这个提案对我们很重要,如何又如何。"但是我没有,我用了一个简单的故事,就能说明这次提案对我们有多么重要。这个故事展现出,我们和这些深爱自己国家的人，有相同的感受。人和人之间之所以相连接，不只因为我们真的了解对方真正重视什么，更因为我们用简单的故事和熟悉的元素让他们也能产生同感。如此一来，我们立刻产生了连接。

我相信，我的外公沃伦，不论现在他在哪里，如果知道我和同事因为那次出色的比稿，有机会为爱尔兰旅游局服务好几年，一定为我感到骄傲。

当然，各位一定会问，这些道理在当今的数字时代都还适用吗？我会说，当今更是如此。我们有很长一段时间，都生活在"被告知"要行动的状况。我们被告知要遵守、要购买。公司占有主导地位，由少数人发言，多数人跟随。人们被甜言蜜语拐骗和说服。完美的生意人像猎人，极具攻击性和掠夺性，而销售则是一种征服的过程，所谓的对话也只是单向的。

我们生活在一个新的时代、一个群体的时代、一个民主的时代，人会自己做出选择，而不是被告知要做什么。在这个新时代，任何人听到最重要的新闻，是"谁和谁在跟随你"。在这个新时代，无法靠说服让任何人去做任何事，不是"购买我"，而是"加入我"。你无法要求别人注意你，必须用永恒不朽的说故事方式打动人们心中的渴望，并与之深刻连接。当你这么做，他人就会跟随你，拥抱你和你所代表的一切，不论是你公司的方向、你领导的项目，还是你销售的产品。

第九章 说故事的力量

好故事的基本元素

　　他回忆起自己如何被迫害和侮辱，但现在他却听到他们说，他是所有鸟类中最漂亮的，连紫丁香都向他眼前的水面弯腰，阳光温暖且明亮地照耀着。他让自己的羽毛发出沙沙声，伸长纤细的脖子，发自内心愉悦地叫着。"当我还是一只丑小鸭时，我从没梦想过这样的快乐。"

　　从 1843 年起，无数的孩子都听过这个由汉斯·克里斯特安·安徒生讲述的关于内在美的故事，这个故事显然反映了他自己的生活。《丑小鸭》的故事在世界各地用数十种语言、各种方式传颂着。故事说的是，主人翁如何克服残酷的批判，让内在的美丽取得最后胜利。在这个迷人的故事当中，或在任何一个故事里，都有很多关键元素，可以用来创造戏剧性，并让人因为认同感而投入其中。我们的丑小鸭当然就是故事的英雄人物，它因为丑陋被其他鸭子鄙视。在漫长艰困的冬季，丑小鸭经历了命运的转折，成为美丽的天鹅……所有的元素都在里面了！

　　经典故事的架构，往往都是英雄的旅程。这个架构说的是，一个人如何为了实现目标努力奋斗，碰到了逆境和障碍，然后如何克服这些障碍，最后是整个故事带给人什么启示。基本的故事架构有两个组成要素：主角和旅程。下面就用我最喜欢的电影《绿野仙踪》来举例说明。

主角

英雄：这是观众注意的焦点。说故事者通过说故事的方式传达主题核心。《绿野仙踪》的英雄当然是多萝西，她在农场上梦想着一个特别的地方，高歌着"彩虹的另一端"（Over the Rainbow）。每个故事都有一个英雄，或玛雅·安杰罗（Maya Angelou）所说的英雌，他们是每个人都能认同且关注的。

反派：反派是敌对的力量，这个元素是和英雄竞争，阻碍他们达成希望。他们会激起人的情绪，增加故事的戏剧性，让观众更投入。一身绿色的"西方邪恶巫婆"（The Wicked Witch of the West），就把这个角色扮演得很好。

配角：这些人物会支持英雄，也帮助界定英雄的性格。多萝西身边有锡兵、稻草人和胆小的狮子，让我们从旁看到她的性格。

先哲：这是在英雄旅途中，为他们带来智慧的人。巫师在现出真面目之后，就提供了很特别的智慧。比方说他告诉锡兵："心并不是由你有多少爱来决定，而是你是如何被别人爱着。"

旅程

英雄踏上的旅程，有几个关键部分：

追求：其目的是让英雄寻找旅程的意义和目的。这部分会由沿途中发生的许多事件来展现戏剧性及英雄的经验。多萝西的目标是要回到堪萨斯，黄砖路则是多萝西踏上旅程的鲜明象征。

命运的逆转：我们的英雄在悬疑的一刻，可能无法达到目标。这时看起来所有目标都有可能无法达成。此时的紧张感和戏剧性，会让观众屏息以待。多萝西被囚禁在高塔里，而稻草人破成碎片，让她的目标看起来可能都无法达成。

转折点：这是故事的关键时刻。此时形势逆转，英雄再次回到正轨。邪恶巫婆的咒语化解了，多萝西也脱离了邪恶的掌控，重新展开她的旅程。

结局：这是英雄发现自己可以实现希望的美妙时刻。故事的结尾展现了整个故事要说明的启示。多萝西在家人和朋友的包围下说，我知道，"内心真正的希望，一定不会比我家后院更远。如果我不曾拥有，就永远不会失去"。

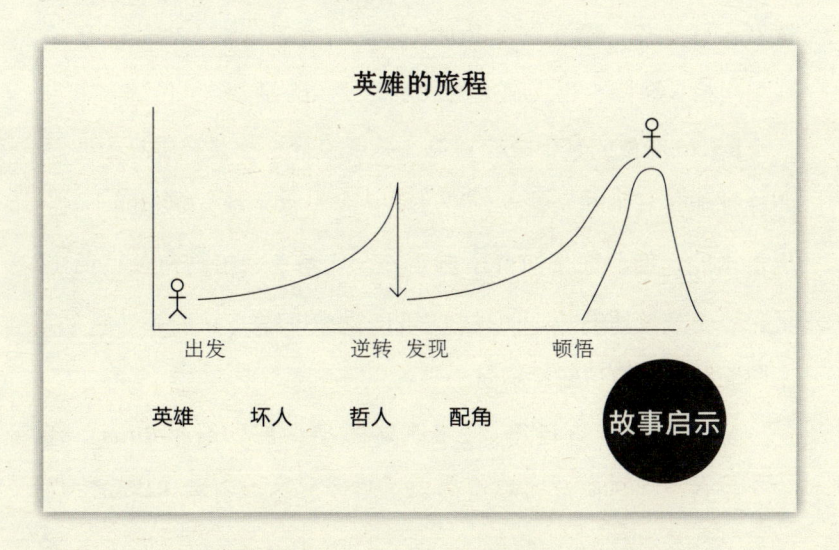

英雄的旅程

出发　　逆转　发现　　顿悟

英雄　　坏人　　哲人　　配角　　**故事启示**

接下来，不论你是否和我一样是个多愁善感的人，或和我一样是电影爱好者，杰出的说故事元素都可以在《乱世佳人》《星球大战》《教父第二部》，或……你的提案里看到！愿原力与你同在。

如果你还是认为说故事的方法已经过时，没有用了，不妨想想愤怒的小鸟和那些坏坏猪。

愤怒的小鸟和坏坏猪

不久前，我遇到一个很棒的人，怀博·瓦格曼斯（Wibe Wagemans），他是我几年前在芬兰参与诺基亚比稿时负责筛选的团队成员之一。我们赢得了那次的业务，他和我从那时起保持联系好几年。他现在是 Rovio 公司的主要负责人，他们在全球引起极大风潮，也反映出说故事的伟大力量。

Rovio 所做的其中一个项目，是要设计一个益智游戏。他们的设计师从英雄开始着手，设计出色彩丰富、没有翅膀的小鸟。出于本能，他们很快知道还需要一个坏角色，猪的角色就诞生了，还不是普通的猪，而是绿色的、很坏的猪。这些猪非常坏，不断无耻地想偷这些没翅膀小鸟的蛋！真是坏！

为了不让坏角色得逞，《愤怒的小鸟》（*Angry Birds*）有一个任务——玩游戏者要用弹弓，将愤怒鸟射到坏坏猪和它们的建筑上，为他们取得正义！Rivio 娱乐公司首席执行官米开尔·赫德（Mikael Hed）提到，这一切的重点就在于说故事："这些不怎么聪明的猪，它们的饥饿无法满足，发展出的生存本能也不佳，无法放弃任何吃到美味鸟蛋的机会。然而这些鸟一发现它们的蛋面临危险，就失去了自我控制，为了保护后代，它们不顾一切。"这比你能想象的还要有趣。

愤怒的小鸟游戏在全球大受欢迎，特别是游戏者的年龄层跨度很广（嗯……就像丑小鸭一样），在各种平台上被下载超过3亿次，还计划拍成电影和电视。在一个芬兰小镇由几位聪明设计师所创造的愤怒的小鸟，赢将了全球无数的跟随者。这不是因为游戏本身的技术先进，而是因为他们用说故事的基础结合了游戏和创意。所有元素都到齐了：英雄愤怒的小鸟、反派坏坏猪、障碍和胜利，还有参与故事的玩家，他们共同营造了有趣且愉悦的经验。打败坏坏猪，愤怒的小鸟！

好故事的效应

说故事的核心元素是，人如何与英雄和他们学到的教训产生共鸣。这就是"故事的启示"——听故事的人从自己听到的故事当中所产生的解读。为了说明方便，我们就用英雄代表你的争取对象，故事就是他们想获取的事物，至于所谓的"启示",就是他们的隐藏诉求,也就是他们没有言明的欲望。

运用有说服力的方式,将提案内容传达给对方,也就是要以他们的隐藏诉求来建构你的故事,并用戏剧的方式加以分享。在准备提案内容时,不妨以故事元素作为工具。维萨卡显然就提供了一个"反派"的角色,让我们可以用来和万事达卡对比,看出其真正的不同。这也提供了一个焦点,让人能够看到万事达卡的兴起和转变。

说故事有一种神奇的能力,说故事说得好,就能打动并启发你的跟随者,主要原因有下列几项:

说故事是真诚且真实的:说故事就像我们的祖先坐在营火前一样,是非常人性的行为。一个能打动人心的故事,就如同前面说过我自己"从西装背后走出来"的经验一样,能和另一个人产生真正真诚的连接。说故事之所以有如此魔力,是因为大家认为,这个历久不衰的方法能够在情感上产生连接。这就是说故事的力量。

说故事能捕捉观众的希望:当你在说故事,就能将争取对象带入你所创造的世界。你可以捕捉他们的想象力,邀请他们参与,并分享对未来的希望。故事能激励人心且具有启发性,当然也能够打动我们所说的内心希望。故事会碰触到存在于对方心中希望能实现的欲望。

说故事能产生戏剧效果:说故事的特点在于戏剧性、热情和惊喜,这有别于前几章提到的缜密逻辑。这些特点都是为了让听者能够投入。如果无法让听者投入,就不可能在他们面前凸显出你自己,并产生深刻的连接。事实并不能打动人,别忘了,我们的律师朋友在完成书面论述之后,会很快找出口头辩论的方法,通过说故事将所有法律事实串连起来,让听者投入,然后说服他们。

我个人有许多经验,可以说明说故事的力量,但其中最有力的案例,是我参与一个新兴国际品牌的经验:中国移动。

中国移动　如灯塔般带领全球化

这是个以小搏大的真实故事,发生在我们位于上海的灵狮国际广告公司。我们的上海分公司由杰出的伦洁莹女士(Kitty Lun)领导,是一个 25 人的出色团队。伦洁莹非常主动积极,她争取到一个比稿机会,协助中国移动推出旗下的全球性品牌"中"(Zong),这是他们第一个在全球推出的品牌。我还记得我飞到上海协助他们,抵达豪华的丽晶酒店(Regency Hotel)时的情景。我一下车,往右一看,就看到竞争对手的巨大标志,那是一家有 500 名员工的广告公司,树立在一个大厅是劳斯莱斯经销商的大楼外立面。天啊!

伦洁莹领导的团队为我介绍了基本背景,中国移动要进军的国家并非成熟市场，而是发展中国家。我们很确定客户会将这笔业务交给大公司，而我们也找出了隐藏诉求，他们不曾将品牌带出国界，我们也能感觉到，他们不想模仿别人，他们一切都自己来，且以之为荣。

隐藏诉求

我们必须让这次上市成功，并且以新的宣传方式让人知道。

这个洞察，大大影响了我们争取这个客户的方法。一般会采取的做法是，想办法让自己公司显得比竞争对手还要大，展现我们的力量和全球经验，让客户看到我们丰富的经验，能满足他们对全球传播伙伴的需求。要和一家在当地有庞大团队的全球大企业竞争，我们的胜算并不大。深具洞察力又充满活力的克里斯·道威斯（Chris Dawes），为大家分析出问题的答案。他提出一个简单且深刻的想法，中国移动所在的国家中国，有如灯塔般照耀着那些发展中国家，因为这些国家仍处于发展阶段。

我们将证明自己全球经验和能力的论点放到一边，改从中国移动即将进军的5个国家，从中挑选出一些人。这些人都是充满抱负的年轻人，有吉隆坡的街头小贩、巴基斯坦的年轻女律师等。我们进行了深入访谈，每一位受访者都和我们分享他们的生活还有他们为自己和家人努力奋斗的故事。其中没有人觉得自己被打倒，甚至都认为自己正在往上爬。

我们让中国移动看到，即使他们没有之前的经验也能够成功。因为中国移动选择要进入的国家和他们有很深刻的连接，中国移动真的能够让这些国家"走向全球化"。克里斯指出："中国移动将成为人类潜能的平台，为抱负和梦想注入力量，而不只是全世界最大的通信公司。"他们的机会在于采取一个全球共通的策略，应该去连接每个市场中顾客的抱负。如此一来，品牌上市将能带来正面的影响。

我们通过这些了不起的人提醒他们，他们的故事如此打动人，所有营销活动都会是贴近当地的。中国移动不会变成一个没有清楚面目、采用高科技业老套营销方式的全球品牌，而会是一家有同理心的公司，能够拥抱每个市场中的民众，和他们的抱负相连接。至今我还能感受到，当中国移动决定把这个业务交给伦洁莹和他们的全球团队时，在劳斯莱斯经销商楼上那群人如何恨得牙痒痒的。

丽思卡尔顿　没有温暖的优雅就是傲慢

商业界有很长一段时间都在用军事语言，直至今日，目标、战术、任务、侧翼品牌等军事术语，都广泛运用在日常的商务运作当中。我在麦肯的广告狂人文化中，也曾经历过这些。我们将自己视为战士和征服者，我们的军歌歌词大概会是"经过详细策划，击溃竞争者的营销计划"，听起来是蛮吓人的。

在建构故事的过程中，有一个很重要的元素是，要运用适当的语言。所选择的语言会为你的组织定调，协助塑造你的事业。我们赢得万豪的业务之后几年，万豪收购了丽思卡尔顿酒店（Ritz Carlton），这个高级连锁酒店以美丽的景观和出色的服务著称，我们不久后就开始为该品牌服务。在准备的过程中，我拜访了离总部较近的酒店，受到极为真诚的欢迎和低调优雅的服务，让我十分震惊。

每遇到一个人，我都会特地请他们描述丽思卡尔顿的文化。他们都一致真诚地回答："哦，其实很简单，我们是一群女士和绅士，为女士和绅士们服务。"他们的回答都如此坚定，而且对公司有强烈的认同和目标感，令我十分惊讶。我进一步发现，这是来自创办人霍斯特·舒尔茨（Horst Shultze）所说的一段故事。

我和同事拜访了舒尔茨先生，他是个很亲切的人，回顾起自己卑微的出身，母亲带他到当地酒店当学徒，他在酒店当服务生，每周到酒店的学校上课一次。一段时间之后，他的指导员请班上同学写一个故事，讲述关于自己在酒店的经验。舒尔

第九章　说故事的力量

茨写了他师父的故事。他是位威风且优雅的男士，一丝不苟，对每个细节都要求要完美无瑕。舒尔茨说："他来工作是为了要表现卓越，是个很骄傲的人。"

舒尔茨的师父告诉他，酒店房客都是很重要的贵宾，也就是所谓的女士和绅士们，为他们服务并不是在当奴仆。他师父还说，舒尔茨也可以非常绅士，因为他也在追求自己工作上的卓越。舒尔茨回忆道："他告诉我，通过创造卓越，我也可以成为一名绅士。"舒尔茨的师父赞扬了人性的重要性，舒尔茨将之变成事业发展最重要的部分。他还提出一些很棒的想法，如"没有温度的优雅就是傲慢"。

舒尔茨用一个简单但具感染力的想法，捕捉到这个特别的情感：女士和绅士们为女士和绅士们服务。他大可以说"我们是一家优雅的公司"或"成为业界标杆的公司"，但他没有这么说。他反而通过说故事，讲一个年轻人的抱负，由他的前辈为他定下卓越的标准，将他重新定义成一名绅士。舒尔茨非常精明，不只对于他的信念或商业眼光，还在于他说故事的能力和沟通语言的选择。

黑部裔的故事　和平的传承

之前在谈到抱负时曾提到一个故事。这故事说的是一个抱负如何转化成一家起飞中的广告公司，取得巨大胜利。我将用以下故事，通过简短的旁白，介绍如何用各种说故事的工具来做总结。

在南非黑人获得自由之前，三位男士展开行动要改变他们的国家。他们成立了一家广告公司，因为没有客户而苦撑着，他们为国家的投票登记努力，却赚不到什么钱。辛苦经营几年，赢得一些客户之后，管理层变动，蜕变为黑部裔麦肯广告。不久后他们得到一生难得的机会，参加南非航空的比稿。他们全心投入，但一直到比稿前的 24 小时，他们才用一小段照片集，具体呈现他们的梦想和抱负，而且那不只是他们自己的梦想，更是团结新南非的梦想。这一小段照片集搭配着摇篮曲当背景音乐，改变了南非的未来。他们国家的航空公司反映出新国家的团结，就如同这家由当地黑人成立的小公司，反映出他们的抱负。

所有元素都到齐了：核心、信念、抱负、概念化争取对象、隐藏诉求，以及塑造新南非的详细论点，但最后用一个有说服力、让人感动又具启发性的故事来诉说。还记不记得之前提过的黑部裔创办人哈皮·耐辛吉拉？他在多年后，在他的书《黑人的耶路撒冷》(*Black Jerusalem*) 中，描写了他们公司的故事。在书的结尾，他说了这个很棒的故事：

第九章　说故事的力量

还记得我有一双很好的黑皮鞋，底下有个破洞，那是在公司成立之初，我四处奔波参加各种活动，设法为公司找一些业务的结果。有一次我太太甚至不让我跟她一起参加活动，因为她觉得我鞋子有破洞，让她很丢脸。

我想到南非航空的成功比稿经验。在那之前我们遇到的问题，我其实很少想到。我想到的是那次比稿背后的人，包括客户和广告公司的人。今天我突然想到，那件事的意义其实非常重大，比赢得一项业务还要重大。耶路撒冷（Jerlusalem）这个词，原意是指"和平的传承"。我喜欢那个定义……相信我，我的兄弟姊妹们，在南非，再没有什么词，比和平和希望更让人感到亲切。

简单的庆祝　炸鱼和薯条

我从事了自己梦想中的工作，在伦敦有个办公室，在欧洲、中东和非洲飞来飞去，还住在 BBC 广播电台所在的城市。有一天我要到伦敦办公室，引导一次大型科技公司的比稿。我跳进车子开往比稿地点，看了看档案里写的地址：红狮广场 26 号，WC2。不可能吧？将近 25 年后，我又要回到同样的地方。我走进会议室，事先仔细准备的开场白完全被抛诸脑后。

我开始说:"早安,坦白跟大家说。我原本为了这个早上,准备了很好的开场白,要讲抱负,各位提到的抱负,以及我们身为伙伴所共有的抱负。但是各位朋友,有些事我一定得和你们分享。"

我指着窗外的红狮广场说:"从这扇窗户往外看,可以看到 7 号的特理斯汉屋。那是一间小公寓,25 年前我还是个学生的时候,我就住在那个房间。提欧伯路上的'油炸美味'餐厅 (Fryer's Delight),炸鱼和薯条是我至今吃过最好吃的。那家店的装潢完全都没变,只有菜单上的价格变了,那时候炸鳕鱼配薯条是 50 便士。那时,我第一次远离家乡,在一个全新的陌生环境,口袋里没有几毛钱,我梦想着有今天。我得说,不论结果如何,不论是输是赢,我都希望各位能够知道,今天能站在这里,对我的意义远超过各位所能想象。感谢各位让我和我们团队,有机会站在这边。"

那是我临场发挥的,但是我个人的抱负打动了他们。英国大东公司(Cable and Wireless)后来真的把业务交给我们,而我们则用一盘炸鳕鱼、薯条和土豆泥,庆祝了我们的胜利。

☀ 好故事的套路

首先，找出你故事的重要元素：

1. 你面临的阻力或坏人，是什么，是谁？

2. 你的故事会以什么为基础？（线索：这是你的核心。）

3. 你的故事要追求什么？（线索：这是你的抱负。）

4. 你的英雄是谁？（线索：你和你的争取对象！）

5. 哪些价值观和信念，让你在旅途中坚持下去？（线索：你的信念。）

6. 成败的基础是什么？你的欲望是什么？（线索：这是你的隐藏诉求。）

7. 故事的结局是什么？未来的样貌是什么样子？

用第八章学到的论点，用一个打动人心的故事，将所有元素串连起来。比方说，还记不记得我们在第六章提到的 A 公司？我们用他们陈述的宗旨，写出一段强有力的抱负陈述：

对商业冒险者而言，A 公司将成为科技大跃进的先驱者，满足人类最珍贵的需求，因为我们相信，科学的进步是为了服务全人类。

现在，我们来写一段 A 公司的故事：

我们每天都会听到一个声音，要为生命的基本天赋发声。干净的水、健康的孩子、学习的机会，这些都可以在科学的秘密中找到答案。我们正在进行一趟发现之旅，为了解开这些谜。不论前方将面对什么样的路，我们都要到达终点，一步一步，让每一个人的生活都获得提升。

就是这样，让我们来解构一下故事的元素：

英雄：A公司，关心周遭环境的科技先驱者。

坏人：世界上的各种问题。

追求：解开科学之谜。

转折点：前方未知的路。

结局：提升每一个人的生活。

尽情发挥你的想象，用心诉说这些论点的关键元素。

第九章　说故事的力量

别忘了！

说故事是一种传达热情、情感和欲望的方法。提案内容必须将论述和逻辑编织成一个打动人心的故事。说故事是一种非常具有说服力的方法，因为这能加入人性化的特点：英雄、坏人、情节发展、挣扎、旅程和救赎。提案并不是在陈述事实，而是要带动你的对象，打动他们，让他们深深感动。

后记
深入人心，创造无价连接

我从小就听到许多故事，当然也经常听人家说要"言行合一"。所以我会用这样的方式，为我们共度的时间和我们的故事做总结。1997 年 10 月 22 日，是改变很多人一生的日子。那结果也可能会有很大不同。万事达卡的弗纳甘和他的同事大可选择其他比较安全且稳定的道路，但他们选择相信自己的直觉，拥抱一个简单的直觉，决定用"无价时刻"来反映他们争取对象内心真正的感受，并且相信我和同事们确实了解他们的隐藏诉求。

在将近 15 年后，这个命运性决定的结果仍然持续着。"无价时刻"的创意长期出现在 110 个国家，世界各地播放了数十种语言的电视广告，一共有上百支广告。万事达卡取得高度成功，从摇摇欲坠的弱势品牌变成维萨卡的强劲对手。我相信，这一切的结果都来自有人能够了解他人内心的想法且设法与之产生连接。

我在广告公司工作多年之后，培养出一种能力，能够退后一步思考，并且清楚看出一些模式。当你能够用像X光一样清晰的视线看清争取对象内心深处的情感动机（也就是隐藏诉求），任何目标都可以达成。这个简单的同理心可以帮你赢得业务，争取跟随者。当你可以看见表面之下更深层的东西，破解争取对象的情感欲望，你就可以成就一切。

这听来或许很疯狂，但有一位广告狂人说，我们并没有"说服"任何人去做任何事。我相信，我们之所以能赢得业务、吸引人跟随，都不是因为我们强迫别人，而是因为他们知道我们了解他们。你花时间深入了解他人的渴望，帮他们达成内心的希望，如果你能将自己的信念、核心和抱负，与你的顾客相连接，通过律师辩论法创造坚实的论点，并述说一个关于达成隐藏诉求、关于未来的动人故事，你就能达成一切。

在我们共度的这段旅途中，我们检视了塑造"赢心"提案内容的几大原则。追求隐藏诉求是在探求内心的希望，这通常并非显而易见，得打开特别的天线才能接收到这些信号。找寻争取对象的隐藏诉求，没有什么特别的技巧或说服方法，需要

后记　深入人心，创造无价连接

靠感性的观察、人的敏锐度、细心、同理心，以及良好的倾听技巧。这些都能用科学方法找出来，或许还得放下一些你之前用的提案方法。在吸引多元化庞大群体的跟随者时，这个基本概念更是如此。概念化争取对象能帮助你创造一个，由争取对象所定义、强而有力的隐藏诉求。

你的信念、核心和抱负，就是我所说的优势资产，你能用这些来和争取对象形成连接。在整个流程中，这个步骤最为关键，重要性远高于其他任何步骤，因为你从对方身上所获得的见解可以作为提案内容的基础。为了赢得争取对象的认同，让人能够了解你的提案并跟随你，你必须尽可能清楚表达，还要具备吸引力。律师辩论法的好处在于，能让你用清楚的逻辑来陈述。这是最重要的步骤，能将你的论点精炼成所有人都可理解的关键核心。

在这个新世界的规则，不再是"买我"，而是"加入我"。你无法要求别人注意你，但你可以点燃他们的兴趣，通过说故事这种历久不衰的方法，深入争取对象内心，并与之深刻连接。当你这么做，别人就会跟随，他们将会拥抱你和你所代表的一切，不论是你公司的方向、你领导的项目，还是你销售的产品。

我想，用我最爱的创意作为本书论点的结尾，应该是再恰当不过的了：

参加过的比稿：一次又一次。

合作过的好公司：数以百计。

认识的杰出者：数以千计。

帮助他人通过隐藏诉求，成就他们最重要的事：无价。

好台词分享
前辈说过的话

　　希望各位和我一样享受这段旅程，最重要的是，同时学会一种赢得客户的新方法。了解对方的隐藏诉求并深刻连接，借此打动他们的心，能帮你赢取业务并争取跟随者。这个流程广泛适用于各种情况，不仅限于正式的商业场合，从日常和同事与客户的非正式会议，到带领大型组织完成看似不可能的艰巨任务，全都适用。一切的重点都在于你能否打动人心，让人加入你并采取行动。当你发掘争取对象心里没说出口的希望，并向他们承诺一段可以实现希望的未来旅程，他们就会跟随你。

　　我们在旅途一开始，曾提过这本书的意义，或许可以说是一种前辈的指导。在我个人的旅程中，有许多人曾帮助过我、影响了我，我想，引用他们的话作为这本书的尾声，应该是最恰当的了。祝福各位能够取得各种各样的成功，且衷心希望这本书的概念和我分享的工具，能给各位带来帮助。现在，就请听听我的前辈们说过的一些话……

凯文，这其实很简单，重点就在人的欲望。年轻妈妈可能想买全套百科全书，但她更想要的是让孩子成为总统。

——艾妮德·莫琳

要让业务成长，需要和登门销售一样的孜孜不倦。

——哈利·狄蓝尼

从你的西装背后走出来，做真正的自己。那是我们想看到的你，和我们喜爱的你。

——比尔·甘治

只有在花时间深入挖掘之后，才能看到事情的真相。必须扮演一分警察、两分牧师、五分心理医生。

——唐恩叔叔

凯文，你必须充分相信一件事情，这件事才能实现，但在过程中你会被击倒。这并不是考验你的力量，真正的考验是，你在跌倒之后能否再站起来。

——沃伦外公

别管其他人怎么做,就用你自己独特的方式去做。

——金彼得

乖。不要打别的孩子,好好跟他们玩。

——琼·艾伦

衷心祝福各位,再会!

出版后记

这本书的作者被他的母亲坚定地认为"这孩子到南极也可以卖冰箱！"这是对一个广告人的至高评价。在这本书里，作者把自己的营销心法和实际操作方案和盘托出，并最终认为自己确实可以把冰箱卖到南极。

人们为何会购买某件商品？"需要"是理性的部分，"想要"是情感的部分，购买是出于情感的。而情感的核心是"隐藏诉求"，即藏在人们心中、没有说出口的情感动机，它是每个决定背后的真正动力。解锁人们的隐藏诉求，便打开了人们的心扉，达成交易就水到渠成了。

人们的隐藏诉求虽然多种多样，归纳起来不过三种类型：希望型、需求型和价值观型。了解你想要争取对象的隐藏诉求，将其浓缩成一个充满情感的简单陈述，这段陈述包括三项组成要素：主体、情感促因和诉求目标。在这个"概念化争取对象"的过程中，需要发挥你的创意，创造绝佳的情感标签与这些人产生连接，切记最好的"概念化争取对象"，可以用不超过三个词来描述。

上述各项工作，其实是在为你讲述一个好故事做的必要准备。故事中蕴藏着道理，充满了情感色彩，是赢得人心的一把利器，屡试不爽。讲好一个故事，除了扎实的准备工作，你还需要像心理医生一样思考、像律师一样的说话、像知心好友一样倾听、像记者一样问对的问题。这些过程看起来很复杂，但是步骤可以分解，每一个细节皆可有高效的解决方案，书中提供大量的工具，足以帮助你实现目标。

这样的一整套故事方案，帮助作者赢得了雀巢、欧莱雅、德国汉莎航空、强生、万豪酒店、微软、摩根大通、德意志银行等重量级客户的心，也帮助这些客户赢得了更多消费者的心。这套方案，由"心"出发，由赢得人心结束，是一套不折不扣的赢心策略。要知道，在商业框架下，讲述一个故事，绝对不只是为了增加一些趣味，而是要赢得人心。

除了本书之外，后浪近期出版的《大概率思维》《魔球》《直觉思维》等好书，也从不同方面介绍了思考和做事的方法，敬请关注。

服务热线：133-6631-2326　188-11142-1266
读者信箱：reader@hinabook.com

后浪出版公司
2018 年 12 月

图书在版编目（CIP）数据

故事思维：如何解读人心，说出动人故事 /（美）凯文·艾伦著；刘盈君译. -- 南昌：江西人民出版社，2018.11

ISBN 978-7-210-10872-6

Ⅰ. ①故… Ⅱ. ①凯… ②刘… Ⅲ. ①广告—营销策划 Ⅳ. ①F713.81

中国版本图书馆CIP数据核字(2018)第240363号

The Hidden Agenda: A Proven Way to Win Business and Create a Following by Kevin Allen(9781937134044)

Copyright © 2012 by Taylor & Francis Group LLC.

Authorized translation from English language edition published by Routledge, an imprint of Taylor & Francis Group LLC; All rights reserved.本书原版由 Taylor & Francis 出版集团旗下 Routledge 出版公司出版，并经其授权翻译出版。版权所有，侵权必究。

POST WAVE PUBLISHING CONSULTING(Beijing) Co., Ltd. is authorized to publish and distribute exclusively the Chinese (Simplified Characters) language edition. This edition is authorized for sale throughout Mainland of China. No part of the publication may be reproduced or distributed by any means, or stored in a database or retrieval system, without the prior written permission of the publisher. 本书中文简体翻译版授权由后浪出版咨询(北京)有限责任公司独家出版并限在中国大陆地区销售，未经出版者书面许可，不得以任何方式复制或发行本书的任何部分。

Copies of this book sold without a Taylor & Francis sticker on the cover are unauthorized and illegal.本书封面贴有Taylor & Francis公司防伪标签，无标签者不得销售。

版权登记号：14-2018-0288

故事思维：如何解读人心，说出动人故事

作者：[美]凯文·艾伦　译者：刘盈君
责任编辑：冯雪松　特约编辑：高龙柱　筹划出版：银杏树下
出版统筹：吴兴元　营销推广：ONEBOOK　装帧制造：墨白空间
出版发行：江西人民出版社　印刷：北京盛通印刷股份有限公司
889毫米×1194毫米　1/32　7.5印张　字数121千字
2019年3月第1版　2019年3月第1次印刷
ISBN 978-7-210-10872-6
定价：42.00元
赣版权登字－01-2018-834

后浪出版咨询(北京)有限责任公司常年法律顾问：北京大成律师事务所
周天晖　copyright@hinabook.com
未经许可，不得以任何方式复制或抄袭本书部分或全部内容
版权所有，侵权必究
如有质量问题，请寄回印厂调换。联系电话：010-64010019